Sylvia Treudl

Zug um Zug

Reisenotizen

Milena
VERLAG

Gedruckt mit der freundlichen Unterstützung der Kulturabteilung der Stadt Wien und der Abteilung Kultur und Wissenschaft des Landes Niederösterreich.

KULTUR Kontakt AUSTRIA

.KUNST
bundeskanzleramt

Die Deutsche Bibliothek – CIP-Einheitsaufnahme

Treudl, Sylvia:
Zug um Zug : Reisenotizen / Sylvia Treudl. – Wien : Milena-Verl., 2002
(Allgemeine literarische Reihe)
ISBN 3-85286-091-1

Covergestaltung: Birgitta Heiskel
Lektorat: Karin Ballauff
Satz und Layout: Andreas Winter, MWD, mwd@aon.at
Druck und Bindung: Rema Print, Wien

A-1080 Wien, Lange Gasse 51/10
www.milena-verlag.at

ISBN 3-85286-091-1

Für meinen Mann Peter,
der sich mit mir auf
eine lange gemeinsame
Reise begeben hat …

Fahrplan ...

7000 Schienenkilometer sind nicht unbedingt eine Kleinigkeit. Sechs Wochen quer durch Europa zu touren auch nicht. Das alles mit einem Pulk von 103 KollegInnen aus der europäischen AutorInnenschaft samt Organisationsteam plus Attendants. Ergibt zirka 140 Personen und 43 Sprachen. Warum frau/man sich das antut, ist eigentlich sehr schwer und ganz leicht zu erklären: Weil frau/man in diesem Beruf neugierig sein sollte (*curiosity killed the cat ...*), weil das Leben manchmal doch Erstaunliches bereithält, weil frau/man dann irgendwie nicht mehr absagen kann/will. Weil Reisen spannend ist. Weil einem dazu auch ein fatal fatalistisches chinesisches Sprichwort einfallen könnte, das von der „spannenden Zeit" nämlich ... Weil frau schon als Kind viel und begeistert mit dem Zug unterwegs war. Und weil es vorher unvorstellbar ist, und nachher wird es prägend gewesen sein. Und obwohl frau sich nichts vormacht und keineswegs eine Urlaubsreise imaginiert, ist es trotzdem letztlich ganz anders. Aber – vielleicht vom Anfang an, denn bekanntlich beginnt auch die berühmte Reise der tausend Meilen mit dem ersten Kilometer – in meinem Fall ganz konventionell, im Auto Richtung Schwechat.

Dieses Reisetagebuch ist kein Reiseführer und auch keine Dokumentation des Projekts „Literaturexpress 2000", das vom Literaturbüro Berlin erfunden, organisiert und betreut wurde.

Es spart eine Fülle von Gesprächen, Situationen und Begebenheiten aus, es verzeichnet nicht penibel den „Stundenplan" der Lesungen und Podiumsauftritte, zu denen jede/r TeilnehmerIn im Rahmen der sechs Wochen verpflichtet war. Es ist ein sehr persönliches und selektives Mosaik von Eindrücken, Momentaufnahmen, Bildern.

Die Kürze der Einträge zu den jeweiligen Stationen soll einen Eindruck von der Flüchtigkeit vermitteln, der eine derartige „Tour" unterworfen ist, zum andern wiedergeben, wie eindringlich die Erfahrungen waren, auch in ihrer begrenzten Dauer.

Über Sinn oder Unsinn dieser Reise wurde ich vorher und nachher häufig befragt – wie gesagt, mein zentrales Motiv war die Neugierde auf diese ganz spezielle Situation. Ob „Europa" oder ein Teil der europäischen AutorInnen einander nun näher gerückt sind, obliegt einer individuellen Gewichtung. Ich für meinen Teil habe Freundschaften geknüpft, die über Internet bzw. persönliche Kontakte nach wie vor bestehen. So war Peter Pistanek aus Bratislava 2001 Gast beim Europafestival in Drosendorf, und George Pashov aus Sofia war im selben Jahr einen Monat lang Gast im Atelier des Unabhängigen Literaturhauses Niederösterreich. Zahlreiche andere Kontakte bestehen ebenfalls weiterhin.

Das „Haus Europa" als sozusagen gleichberechtigte Wohngemeinschaft sehe ich nicht, sah ich auch im Zuge des Literaturexpress 2000 nicht.

Nach wie vor herrscht ein West-Ost-Gefälle (gesellschafts)politischer und ökonomischer Natur, das sich nicht wegargumentieren läßt.

Wir sind in den Vor-Euro-Zeiten gereist, haben u.a. Länder gestreift, die bis dato keine EU-Mitgliedsstaaten sind.

Europa ist groß und vielfältig. Mein Selbstverständnis auf dieser Reise war das einer Autorin, die sich mit KollegInnen auf ein Experiment einläßt.

Trotz der Anstrengung, die diese Reise in Teilen bedeutete, war ich erstaunt darüber, wie gut wir miteinander ausgekommen sind – trotz der Sprachbarrieren und der unterschiedlichen politischen und individuellen Ausrichtungen.

Ich bedanke mich bei allen, die am Zustandekommen dieser Reise mitgewirkt haben, die mich moralisch und tatkräftig davor, währenddessen und danach unterstützt haben.

Besonders bedanke ich mich auch explizit bei meinen Kollegen des Unabhängigen Literaturhauses NÖ, Wolfgang Kühn und Michael Stiller, die mich ohne Zögern ganz knapp nach Eröffnung des Hauses ziehen ließen.

Im Anschluß an die Reisetagebucheinträge finden sich zwei literarische Texte:

„bewegung" ist mein Beitrag zur Anthologie „Europaexpress – ein literarisches Reisebuch", das 2001 im Eichborn Verlag erschienen ist und Beiträge aller Literaturexpress-AutorInnen enthält.

„Mehr als nur ein Hauch davon" entstand unmittelbar nach der Rückkehr von der Reise über Vermittlung einer Kollegin, die mich für einen Beitrag im UNESCO-Kurier-Magazin vorschlug – und natürlich hat er mit der Eisenbahn zu tun ...

Wer sich genauer über das Projekt Literaturexpress 2000 und über die einzelnen TeilnehmerInnen informieren möchte, möge das bitte im Internet unter www.literaturexpress.org tun.

Ihre Zugbegleiterin

Teilnehmerlnnen am Literaturexpress 2000, vor dem „Görlitz“ in Brüssel
© Foen X Photostudio, Oliver Möst, Berlin

4. Juni 2000

Es ist ein strahlender Morgen. Und zum Glück ist es so früh, daß ich noch nicht richtig mitdenken kann. Folglich entgeht mir auch die sanfte Ironie der Situation: Kurz nach 7 Uhr morgens bin ich auf dem Weg nach Wien-Schwechat, um mich per Flugzeug zum Treffpunkt für das Abenteuer der kommenden sechs Wochen auf den Eisenbahnschienen zu begeben. Lissabon lautet die erste Destination. Eintreffen aller Literaturexpress 2000-TeilnehmerInnen innerhalb von drei Tagen. Mein Liebster bringt mich zum Airport, und wir bemühen uns, die ganze Trinken-wir-noch-einen-Kaffee-und-es-wird-schon-alles-gut-gehen-und-hast-du-auch-deine-Kreislauf-Tropfen-dabei-ja-danke-und-vergiß-nicht-die-Katze-zu-bürsten-und-ich-ruf-dich-an-sobald-ich-im-Hotel-bin in erträglichen Grenzen zu halten. Trotzdem kann ich nicht verhindern, daß ich ein bißchen nervös bin und mich ganz spontan nicht so reiselustig fühle. Und der Moment, in dem die Glastür hinter der passengers-only-Schleuse dichtmacht, ist immer furchtbar, ganz unabhängig von dem Ziel und der Dauer einer Reise. Es ist stets die beste Gelegenheit, diffusen Ängsten und mulmigen Gefühlen auf den Leim zu gehen. Nein, natürlich leide ich nicht an Flugangst. Nehme ich an. Das passiert fliegenden Fischen eher selten. Sage ich mir. Ach, zum Teufel, es ist eben diese verfluchte Abschiedssituation und immer das Gefühl, Wichtiges nicht erledigt zu haben, und hab' ich mich auch gebührend von Mann und Katze verabschiedet, und überhaupt ...

Ich sitze etwas verloren in der spärlich besuchten Maschine und habe kein passendes Gefühl zur Hand. Eine Mixtur aus widerstreitenden Empfindungen murmelt in der Solarplexus-Gegend.

Sechs Wochen also. Vor über zwei Jahren habe ich

zum erstenmal von diesem irgendwie aberwitzigen Projekt gehört. Nach dem langen Schweigen von seiten der zuständigen Stellen in Österreich nicht mehr an das Zustandekommen geglaubt. Es schlicht vergessen, weil da so viel Leben zu erledigen war. Eigentlich paßt mir der Zeitpunkt nicht in den persönlichen Plan – aber welcher Zeitpunkt wäre schon passend? Sechs Wochen – das leistet sich ein ordentlicher Mensch nicht, das ist Abwesenheit von Pflichten und vom Privaten. Andererseits – das Reisen gehört doch zum AutorIn-Sein ...

Dem Flieger ist das alles egal.

Über der südfranzösischen Küste weichen die Zweifel dann doch einer zaghaften Freude – das Meer ist sehr in Azur gehalten, die winzigen weißen Kirschblüten in dieser unglaublichen Wasserfarbe müssen wohl Boote sein. Nicht mehr lange bis zur Zwischenlandung in Barcelona.

So schnell verflogen die letzten Wochen, gehetzt und voller Termindruck, noch rasch hier ein Projekt zu Ende betreuen, das neue Büro einrichten, dazwischen ein Russland-Visum besorgen, was natürlich nicht ohne Komplikationen und Verzögerungen geht: Nein, da müssen Sie aber noch dieses und dann noch jenes, kommen Sie übermorgen wieder, nein, jetzt schließen wir, und was heißt kostenfrei, das ist uns egal, daß Sie dafür eine Zusage des Veranstalters haben, bei uns entscheidet der Botschafter, und der sagt: zahlen. Und dann noch das Flugticket umbuchen, weil es ein Terminmißverständnis gegeben hat und ich um halbe Tage feilsche, um mit meinem dringendsten Kram wenigstens halbwegs fertig zu werden. Bei der nicht näher erwähnenswerten Fluglinie mit Sitz im ersten Wiener Gemeindebezirk und einem Faible für die Farbe Rot übe ich vorgebliche Gelassenheit, denn was an sich ein selbstverständlicher Kundenservice sein sollte, gerät hier zu einem Gnadenakt. AntragstellerInnen werden dazu angehalten, sich wie im Vorzimmer des gefürchtetsten Zahnarztes zu fühlen, und die Arroganz, mit der hinter dem Schalter agiert wird, gehört offenbar wie das bedingt kleidsame Rot zur Berufsausbildung. Antrag auf Begnadigung am besten schriftlich und in entsprechend demütiger Pose.

Egal, das liegt jetzt alles hinter mir, und in einer halben Stunde landen wir in Lissabon.

Nach der klimatisierten Kabine steht hier die Luft wie ein kompakter Block, schließt mich ein wie Bernstein ein Insekt. Schnuppern. Immer ist ein neues Land auch zu erriechen. Fremde Länder, andere Düfte. Unkompliziertes Auschecken, aha, da steht schon das Empfangskomitee, klappt ja. Daß dann noch eine gute Weile zu warten ist, weil der Flug mit vier weiteren Teilnehmern Verspätung hat und der Shuttle zum Hotel natürlich warten muß, ist nicht so tragisch. Noch nicht.

Aber schließlich sind wir alle eingesammelt und es geht durch den hektischen portugiesischen Verkehr zur 4-Sterne-Unterkunft.

Okay, also ankommen, also auspacken und den Laptop ans Netz hängen und das Handy aufladen und nachschauen, was die Minibar so zu bieten hat – schließlich will der Auftakt gefeiert werden. Dazu müßte ich aber den trickreichen Mechanismus, mit dem der Schrank mit den gekühlten Genüssen gesichert ist, erst durchschauen. In mehreren Sprachen wird davor gewarnt, die kleinen Laden, in denen sich Fläschchen und Nüsschen hämisch eingesperrt haben, wahllos zu öffnen. Denn offene Lade heißt für den Zentralcomputer: Konsumation, heißt Rechnung. In meinem Fall trifft weder „wahllos" noch „gezielt" zu, was das Herauslocken eines Bierchens oder einer Limonade anlangt. Ich durchschaue das System auch am dritten Tag noch nicht, was irgendwie schon kränkend ist. Offenbar bin ich mit meinem technischen k.o. in Sachen Minibar nicht ganz allein, denn drei Tage später erfahre ich, daß ein Kollege es offenbar „wahllos“ geschafft hat, den Sauf-Safe zu knacken – allerdings hat er nichts entnommen, sondern nur seiner Neugierde nachgegeben. Was der Hotelcomputer aber anders sieht, der prompt eine gesalzene Rechnung auswirft. Ich habe keine Ahnung, wie dieses Problem gelöst wurde.

Am Abend dieses Ankunftstages erfolgt das erste große Meeting unserer etwas extravaganten Reisegruppe. „Meinen“ Attendant habe ich schon am Nachmittag kennengelernt: Jacek aus Polen. Da ich der einzige österreichische Beitrag zum „Express“ bin, mußte man mich betreuungstechnisch irgendwo zuordnen – und ich bin bei Osteuropa gelandet, was mir ausnehmend gefällt. In „meiner“ Gruppe, die Jacek nun sechs Wochen lang in Schach halten muß, befinden sich außer mir noch Polen und die Slowakei, und allesamt sind wir in permanentem und engem Kontakt mit der Abteilung Ukraine. Das in der Folge sprichwörtliche babylonische Sprachgewirr beinhaltet für uns neben der jeweiligen Landessprache Englisch und Französisch.

Bei der ersten, noch etwas vorsichtigen Kontaktaufnahme im Rahmen eines Abendessens darf ich mir aussuchen, ob ich mich – weil ich doch so allein bin – für den Mitleidsbonus oder die Tapferkeitsmedaille entscheiden mag. Ich mag weder noch. Ich bin schon geschlagen mit der neuen Bundesregierung. Und was ich noch bin, ist wesentlich witziger – nämlich „Edelweiß“ („Hello Austria, Edelweiß, how are you?“), was zum running gag der kommenden Wochen wird und von David aus Armenien stammt. Der mir häufig versichert, sollte er in die Nähe der „Alps" kommen, wird er gnadenlos einen Berg erklimmen, um Edelweiß in natura zu sehen. Das österreichisch-liechtensteinische Erklärungsmodell zum Thema „Edelweiß", geradezu ganghofersche Versuche und der Hinweis auf das naturgeschützte sowie hochalpine Vorkommen dieser in Wahrheit gar nicht so spektakulären Pflanze, beeindrucken David nur marginal. Hohe Berge kennt er schließlich von zu Hause auch.

5. Juni 2000

Lissabon
Stadtspaziergang unter der Führung eines ortsansässigen Architekten. Zwischenstop im Café Martinho da Arcada. Ein Literatencafé reinsten Wassers. Ob hier auch Literatinnen Tage und Nächte hinter kleinen Kaffeetassen oder edlem Port verbringen, kann ich nicht eruieren. Ein wirklich schönes Kaffeehaus – aber ich bin nicht wirklich zutiefst beeindruckt, schließlich lebe ich seit 20 Jahren in Wien ...

Weiter zu einem Karmeliterkonvent für Blinde; holländischer Ursprung, größte Sammlung holländischer Kacheln, nackte, fette Putten, in viel Barock eingebunden.

Blick aufs Castell – sehr viele Aristokraten haben hier den Namen eines Heiligen im Familienstammbaum, was bedeutet, daß der Adel sich ziemlich ungehemmt in Mesalliancen begab respektive simple Affairen hatte – und die „Bastarde" wurden dann im Kloster aufgezogen.

Barock im portugiesischen Stil, ach, diese katholische Vergangenheit. Mönchschöre gegen Mittag, ein Innen-

Orangenbaum im Karmeliterkonvent

hof mit Orangenbäumen, Brunnen und Tauben.

Und in einem Heiligenschrein in den Gewandfalten einer Mumie ein Zettel aus dem 18. Jahrhundert, fein säuberlich eingerollt mit der Bitte einer armen Seele, die offenbar für die Aufbereitung der Leiche zuständig war: „Gib mir Geduld."

„Patience" von Guns 'n Roses fällt mir ein.

Etwas viel Weihrauch im Inneren, zu viele Bischöfe an den Wänden, und Kacheln mit Maria.

Ich trödle etwas hinter den anderen her und befinde mich plötzlich allein in einem Raum mit sakralen Exponaten, unter anderem einem wunderschönen Folianten in gestochener Schönschrift. Ein halbgeöffneter hölzerner Fensterladen läßt einen Schwall südlichen Lichts in den dunklen Raum, es riecht angenehm staubig, nach viel Gewesenem, und aufgeregt krame ich in meiner Gedächtniskathedrale unter dem Stichwort „Gerüche" – da berührt mich etwas sehr Vertrautes. Dann weiß ich es mit einem Mal: So dufteten die Dachböden und geheimnisvollen Orte meiner Kindheit in der geliebten Apotheke, in der meine Großmutter den knochenaufreibenden Hausputz geschupft hat. Wo ich sommerlang nach Herzenslust herumstöbern durfte, Schätze ausgraben konnte, die ich in Form von Büchern oder altem Spielzeug, das keiner mehr brauchte oder wollte, abschleppen durfte. Ein Füllhorn waren diese Orte, ein scheinbar unendlicher Fundus an Sensationen in staubigen Winkeln, unheimlich-düstere Gänge und würzige, köstliche Düfte am Trockenboden, wo alle möglichen Kräuter für die diversen Teemischungen auf großen, braunen Packpapierbögen aufgebreitet waren.

Ich sehe den feinen Staubpartikeln zu, die feenleicht und wie unvergänglich im Lichtausschnitt dieses Lissabon-Mittags tändeln, die Mönche singen immer noch ihre frommen Strophen, die Gruppe der KollegInnen ist schon ganz woanders, sehr weit entfernt, wie mir scheint, und ich will es nicht registrieren, daß da offenbar bereits zum Aufbruch gemahnt wird. Ich bin selber ziemlich weit weg, verreist in der Zeit. Wenn ich nicht aufpasse, rutscht auf der goldenen Leuchtbahn jetzt gleich der Wichtel herein, der in einer meiner Lieblingsgeschichten mit seinem Zauberstab zuständig war für das „Heilmachen" von kaputten Spielsachen in „Onkel Peters Spielzeugladen". Ach, was für eine historische Ungenauigkeit – der Wichtel kam ja auf einem Mondstrahl. Und während ich blicklos noch immer vor der schönen alten Handschrift festwurzle, blättern sich vor mir herrlich illustrierte Bechstein-Märchen und andere bibliophile Kostbarkeiten auf, die ich noch immer besitze aus den Apotheken-Tagen, ein uraltes, heißgeliebtes Teddybärchen winkt mir über Tausende Kilometer aus meinem Bücherregal zu ... Für meine Großmutter war es weniger idyllisch, in diesem alten, unbequemen Haus herumzuwuseln wie der gute Geist persönlich, im Winter in der „Flaschenwaschküche" an einem Steingutbecken mit eiskaltem Wasser Phiolen und Arzneifläschchen zu waschen ... ich werde ihr heute noch eine Karte schreiben.

Quer durch einen dieser wunderschön angelegten Stadtparks, vorbei an, oder besser unter einer riesigen, steinalten Platane hindurch, die wie ein monumentaler

Sonnenschirm mitten auf dem Gelände thront. Angenehm ist es in diesem Baumschatten. Unzählige Vögel sitzen im Geäst und beäugen uns mit glänzenden Knopfaugen: Schon wieder Touristen! Wenn die Vögel wüßten, wie viele wir wirklich sind und daß wir uns für die Stadtrundgänge in Kleingruppen gesplittet haben ...

Den Abschluß des heutigen Spaziergangs bildet für mich eine kleine Sensation. Wir gelangen zu einem beeindruckenden Bauwerk von imposanten Gesamtausmaßen: ein altes Wasserreservoir, das wohl auch heute noch in Zeiten großer Dürre seine Dienste leistet. Über Kilometer schlängelt sich das Aquädukt von den rundumliegenden Hügeln elegant auf das Stadtzentrum zu, wo es in den „Behälter" mündet – ein kirchenartiger Bau, die zulaufenden Flanken der „Wasserleitung" mit blauen Kacheln geziert, von einem kleinen Park umgeben.

Was schon von außen beeindruckend ist, erweist sich innen als absolute Faszination. Für mich eröffnet sich hier eine Kathedrale des Wassers, ein riesiges Sammelbecken, von Arkadenbögen umgeben, aus Felsen herausgetrotzt, mit Kirchenfenstern versehen – es ist eine unwahrscheinliche Atmosphäre, die diese Wasserhalle verströmt. Trotz des strahlenden Wetters draußen herrscht hier die gedämpfte Stimmung einer Kultstätte – aber ohne die Bedrückung, wie Kirchen sie auf mich oft ausüben. Gedämpftes Licht im Inneren – es wurde keine Mühe gescheut, den imposanten Charakter dieser Örtlichkeit zu inszenieren: Am Rande des Beckens sind Teelichter aufgereiht, klassische Musik untermalt unaufdringlich die Würde der Halle. Ein sehr schmaler Felsumgang, wie man ihn in Wehrkirchen oder Burgen findet, führt auf das Flachdach des Reservoirs. Der Blick von oben auf die Stadt ist wunderbar.

Jacarandabäume in Blau und Magnolien weit unter uns, Lindenduft weht herauf. Nach dem Sattsehen gibt es ein Glas Portwein in der Halle, es riecht nach Wasser – und der Fisch in mir freut sich.

Katzenkopfpflaster. Allein die Vorstellung, in diesen Straßen mit Highheels unterwegs zu sein, ist eine Strafe. Auf Französisch heißt dieses Pflaster cœur-de-pigeon – oder als rassistische Variante: tête du nègre.

Bestandsaufnahme abends im Chapito (escola profes-sional de artes e officios do espectaculo – also eine Zir-kus- und Artistenschule). Der Blick von diesem Hügel, auf dem die Schule beheimatet ist, ist schlicht sensa-tionell. Wie der Fluß tief unten weit und golden wird in der Dämmerung ... Wir sitzen im Freien, schrille Gestal-ten spazieren um uns herum. Da gibt es traurige Clo-wns und fröhliche Punks.

Eine Theateraufführung von Lorca steht unter ande-rem auf dem Programm, das uns geboten wird. Ein Kol-lege aus der Ukraine fragt den Kellner – den als Kellner verkleideten Schauspieler: „And where is Lorca?" Dar-auf der Gefragte mit todtrauriger Miene: „Oh, Lorca is dead – didn't you know?" Er steht an unserem Tisch in einem verschlissenen Oberkellner-Smoking, der lange, dünne Kerl, dessen Alter ich unmöglich schätzen kann, erinnert mich zwingend an einen, der gegen Wind-mühlenflügel gekämpft hat. Die Hochwasserhosen enden hilflos über den Knöcheln, und auf seinem Ta-blett serviert er keine Getränke, sondern liebenswerten Ulk.

Zwei portugiesische Jungautoren präsentieren eine großartige Poetry Slam-Lesung, die so genial angelegt ist, daß die Sprache kein Problem darstellt. Dann per-formen einige KollegInnen vom Express: Französische Gedichte belgischer Provenienz, eine Kollegin aus Irland mit einem Gedicht, das den irritierenden Titel „Prayer for the ants“ trägt. Erst am nächsten Tag finden wir heraus, daß es nicht um ants (Ameisen) sondern aunts (Tanten) geht. Ich lache mich schief, was nichts mit Respektlosigkeit, sondern mit den Tücken der Phonetik zu tun hat. Es ist ein schönes Gedicht, eine Hommage an die Tanten, die häufig im verborgenen agieren, die bei Bedarf da sind, wenn die Eltern versagen, die auch unbedankt und leise weggehen. Allerdings wird es unfreiwillig komisch, wenn ich mir briefeschreibende Ameisen vorstelle.

Und dann gibt es noch einen phantastischen Wordrap aus Belgien über die 220 Arten, in denen Herr oder Frau Tod auftreten kann.

6. Juni 2000

Lissabon
Fernando Pessoa, der Erfinder der Heteronymen – ein Poet, der einem hier auf Schritt und Tritt begegnet, mal in Stein, mal in Bronze oder in seinem eigenen Museum.

Die nackte Wahrheit

Das Denkmal von Eca de Queiroz – ein Dichter, der die „nackte Wahrheit“ offenbar recht wörtlich nahm, wird auch in Augenschein genommen. Ob die unbekleidete steinerne Schönheit in den

Armen des martialisch blickenden Schreibers die Metapher auch so gut findet, darüber darf spekuliert werden.

Ich lerne eine Theorie kennen, nach der Lisboa von Odysseus kommt:

Die sieben Hügel von Lisboa entstanden aus dem Zorn einer Nymphe, die sich in Odysseus verliebt hatte. Sie wollte ihn zum Bleiben bewegen, aber der große Held stahl sich ganz früh am Morgen weg – and left her all alone, statt zu sagen, hey Baby, ich bin verheiratet und meine Frau wartet zu Hause auf mich. Hier wirft sich wieder die Frage auf, wie konfliktfähig Helden sind, wenn sie sich einer Situation stellen sollen, die nicht mit Feuer und Schwert gelöst werden kann.

Jedenfalls war die verlassene Nymphe ziemlich aufgebracht, bewegte ihre Hände in Wellenform und schuf so die Hügel von Lisboa.

(Wenn ich in der griechischen Mythologie nicht sehr irre, sollte Odysseus ja auch im Zuge seines kleinen Ausfluges von schlappen 20 Jahren bei Gelegenheit dauerhaft zum Schwein gemacht werden, nun, besonders in der Klassik geht es um die Kongruenz von Form und Inhalt.)

Im Museum von Fernando Pessoa hängt ein wunderbares Gemälde von Da Almada Negeiros, das den Dichter zeigt. Wir bewundern eine Kommode, an der er stehend seine wichtigsten Oden verfaßt hat. Er soll gesoffen haben wie ein Loch, starb mit 41 – und war dafür eine schön erhaltene Leich' (merke: Alkohol konserviert), als er vom „Friedhof der Vergnügungen" exhumiert wurde, um ordentlich bestattet, also vermutlich eingesegnet zu werden. Was ihn eventuell posthum gar nicht sonderlich begeistert hat. Wir rätseln auch an der etwas exaltierten Bezeichnung des Friedhofes herum, denn daß es sich

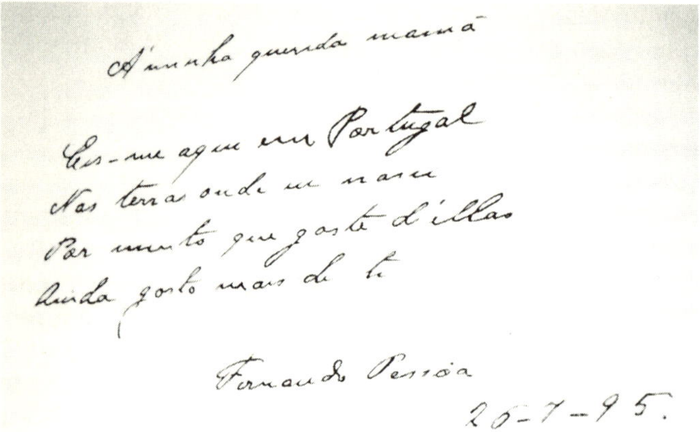

Á minha querida mamã

Eis-me aqui em Portugal
Nas terras onde eu nasci
Por muito que goste d'ellas
Ainda gosto mais de ti

Fernando Pessoa
26-7-95.

Fernando Pessoa – Handschrift im Pessoa-Museum

dabei schlicht und ergreifend um einen unfreiwillig komischen Übersetzungsfehler handeln könnte, ist uns allen als mögliche Erklärung zu billig. Dazu war Pessoa selber zu schräg. Irgendeine besondere Bewandtnis muß es mit dieser vergnüglichen letzten Bleibe ja wohl auf sich haben – und wieso wurde der arme Pessoa dann von diesem Ort entfernt?

Fernando Pessoa

PortugiesInnen sind ganz offensichtlich LeserInnen, die sich auch vor Poesie nicht scheuen. Die Leiterin des Museums trägt uns eine Ode von Pessoa vor – mit derartig pathetischem Engagement, daß mir die Luft wegbleibt. Ich bin beeindruckt und denke, da könnte so manche/r zu Hause was lernen über Vortragskunst. Natürlich ist das starker Tobak, und wahrscheinlich paßt es genau hier und jetzt und zu dieser speziellen Art von Literatur – und dabei erzählt der Dichter einfach nur vom Meer.

Als wir, die wir alle ziemlich erschöpft von der Hitze, dem langen Stadtrundgang und dem Treppauf-Treppab im Museum in den Seilen hängen, aufgefordert werden, unsererseits auf diese Art Textmaterial vorzutragen, kneifen wir einvernehmlich. Das dann doch nicht – danke.

Herr Pessoa war auch angetan von Horoskopen: Im Eingangsbereich des Museums, im überdachten Torbogen – wo wir noch ein wenig verschnaufen, bevor wir uns wieder in die Lisboa-Glut hinauswagen – sind geheimnisvolle Zeichen an den Wänden. Es handelt sich um übergroße Darstellungen von Pessoas komplizierten Versuchen, die Sterne und das Schicksal zu deuten.

Uns ist jetzt allen nach einem kühlen Getränk zumute – aber mit einer Horde von zirka 20 mittlerweile recht geschlauchten AutorInnen Plätze in einem Straßencafé zu finden, ist eine echte Aufgabe. Ich hocke hinter meinem kleinen, starken, schwarzen Kaffee und einem Mineralwasser, lasse die Wortfetzen in Deutsch, Portugiesisch, Englisch und Französisch an mir vorbeiziehen und beobachte eine Gruppe von Kids, die einen winzigen, kuscheligen Welpen dabei haben, den sie abwechselnd auf den Arm nehmen.

Ich bin müde und hoffe, daß der Bus, der uns wieder zum Hotel bringen soll, nicht allzu weit entfernt vom Café einen Parkplatz findet. Die Straßenbahn fällt mir wieder ein – ein witziges, knallgelbes Ding, eigentlich eine Zahnradbahn, die wie eine muntere Raupe eine

Standseilbahn Alfama

der unglaublich steilen Gassen der Stadt hinaufkriecht.

Und auch an die Taxifahrt zum Chapito erinnere ich mich, und fühle mich doppelt schweißgebadet: diese engen, steilen Sträßchen, die schon zu Fuß mühsam sind, werden hier von den Droschkenkutschern routiniert und flott genommen, egal, ob da gerade ein Kollege entgegenkommt oder ein Lastwagen seine Fracht ablädt, ganz zu schweigen von den einspurig Motorisierten.

Aber jetzt bin ich sogar zu kaputt, um mich zu fürchten – und die Aussicht auf eine lauwarme Dusche und vielleicht ein Stündchen Schlaf hat etwas sehr Tröstliches.

Meine erste literarische Aufgabe lege ich eher unter „www.Seltsamdesaster.com" ab. Mit der Information „Lesung" finde ich mich in einem Kulturcafé ein. Zusammen mit einer Kollegin aus der Türkei und einer aus den Niederlanden erwarte ich einen interessanten Abend. Nach langwierigem technischem Hin und Her packe ich meine Texte wieder ein, weil die Moderatorin irritiert auf unsere Frage nach Länge der Lesezeit reagiert. Nein, nein, das ist alles ganz anders geplant, wir diskutieren, und als Stargast ist ein junger portugiesischer Autor vorgesehen, der gerade sein erstes Buch herausgebracht hat. Aha. Was dann folgt, kenne ich gut. Wir Frauen dürfen nette Statements zum Reisen

3 Autorinnen, 1 literarischer Monolog

abgeben, der Herr Autor spricht, nein, er doziert über sein Werk im allgemeinen, dessen spezielle Bedeutung und den außergewöhnlichen philosophischen Gehalt. Humorlos, uninteressiert an den Kolleginnen und endlos. Zum Schluß erscheinen das Reisen, das Sein in der Fremde als spezielle intellektuelle Fähigkeiten, die nur ein einziger erkannt und drauf hat.

Das Fado-Konzert, das diese unendlich langweilige „Gesprächsrunde" nach Stunden abfedert, tröstet mich. Die Musikerin ist beeindruckend. Wäre es nicht Fado, hätte es Blues sein müssen ...

8. Juni 2000

Madrid
Gestern abends angekommen, erster Tag auf den Schienen. Die Ankunft ein unbeschreibliches Chaos aus Personen, Sprachen und Gepäckstücken. Jetzt weiß ich

ganz genau, warum wir mit Sonderzügen reisen: Wir würden jeden normalen Fahrplan rettungslos zum Scheitern bringen. Der Chef des Goethe-Institutes, wo ich morgen lesen soll, begrüßt mich, der deutsche Botschafter ist auch da. Nachdem er sich, hilflos im Weg stehend, das Gewühle fünf Minuten angeschaut hat, fragt er mich in erlesener Weltfremdheit ganz gekränkt: „Aber worauf warten die denn alle hier? Wir haben doch im Pub einen Cocktail vorbereitet!" Ich schlage höflich die Variante vor, daß sich alle erst noch um ihre Koffer kümmern müssen, die zu den wartenden Hotelbussen geschleppt werden wollen. Der Herr Botschafter ist irritiert.

Vom Empfangskomitee werden uns Papiertüten mit je einer Krawatte und einem blauen Polo-Shirt (Aufdruck: España) überreicht. Einen verrückten Moment lang sehe ich zirka 140 Personen vor mir, alle in blauen España-T-Shirts und mit der gewöhnungsbedürftigen Krawatte dazu, bei geschätzten 35 Grad im Schatten – ein Bild zum Totlachen, ein Kindergarten auf Betriebsausflug.

Bahnhofshalle Madrid

Es dauert eine ziemliche Weile, bis alle ihren Kram beisammen haben, dann bricht eine eigenartige Karawane zu ihrem schwerfälligen Gang durch den Bahnhof von Madrid auf. Über Rolltreppen und Rollbänder geht es quer durch bis zur Front des Gebäudes, wo die Hotel-Shuttles warten. Diesmal sind wir in verschiedenen Unterkünften untergebracht – was die allgemeine Verwirrung nicht verkleinert. Wer in welchem Bus zu welchem Hotel? Nein, nicht einsteigen, nur die Koffer in den Busbauch schubsen, doch, doch, das geht sich aus, was bin ich froh, daß Peter mir sein dinosauriergraues, nicht so schnell aus der Fassung zu bringendes Hartschalenmonster überlassen hat! Aber das Laptop ist im kleinen Rollenköfferchen, schalenlos – ich hoffe, die Firma Acer hat auch Extremsituationen wie einen Literaturexpress eingeplant, als sie transportable PCs konstruiert hat. Also gut, ich muß nach dem Cocktail den Bus mit dem blauen Schild in der Windschutzscheibe wiederfinden. Laß doch den Rucksack auch gleich im Bus, empfiehlt mir ein Kollege. Beinahe empört weise ich das von mir – von meinem kleinen roten „Dicken" trenne ich mich nicht. Da sind die absolut wichtigen Basics drin – also nicht nur der ganze Papierkram wie Paß und Geld, sondern auch meine Kleinkamera, Marke Dodelsicher-Klick und mein Reisebärchen. Kamera – ja, keine schlechte Idee, die mitzunehmen, meint der Kollege Peter P. aus Bratislava und kramt aus seinem Technik-Case auch noch rasch seine Digitalkamera, die mir entsprechende Bewunderung abnötigt. Der Bahnhof bietet wirklich traumhafte Motive – für die Außenansicht ist es zu dunkel, ich will jetzt nicht mit Blitz arbeiten, da mache ich lieber unter Tag ein Foto – aber innen! Mitten in der zentralen Halle ist ein tropischer Garten in einem etwas erhöhten Rondell angelegt, mit Palmen und blühenden exotischen Gewächsen. Die ganze Pracht wird von einem fein sprühenden Sprinkler bewässert – und das Klima ist dementsprechend feuchtschwül. Es sieht einfach prächtig aus und fühlt sich karibisch an.

Auch beim Cocktail hat man sich große Mühe gegeben: Er wird in einer Art Pub ausgerichtet, und die Atmosphäre hier, mitten in diesem riesigen Bahnhofsgebäude, erinnert eher an eine Bar als an hektische

Ab- und Anreisen, Fahrpläne oder Fernziele. Trotzdem bin ich froh, als wir endlich Richtung Hotel unterwegs sind und ich die Beine, die ich mir bei dem Stehkränzchen in den Bauch gestanden hab', ausstrecken kann.

Die Fahrt zum Hotel ist kurz, ziemlich witzig, weil alle aufgekratzt sind nach diesem ersten „richtigen" langen Zugtag. Es wird eine Menge mit den Krawatten herumgealbert, über den kommenden Tag spekuliert.

Ich lande mit „meiner" Busladung KollegInnen vor einer Unterkunft, die zu meiner großen Freude ganz in der Nähe des Prado liegt. Alles drängelt raus, der Chauffeur öffnet beflissen an beiden Flanken die Klappen zum Gepäckstauraum. Und das war der Fehler. Der gute Mann, der wahrscheinlich auch nach Hause will, schaufelt Koffer und Taschen aus dem Bus, alles wuselt durcheinander auf der Suche nach den eigenen Habseligkeiten, wir blockieren den Gehsteig vor dem Hotelportal und auch noch einen Teil der Fahrbahn. Es ist eine warme spanische Nacht, ich überrede meinen großen Koffer gerade zu einem Minimum an Kooperation beim Überwinden der paar Stufen zum Eingang. Und plötzlich stimmt irgendwas nicht. Wie eine Welle breitet sich Unruhe, Geschrei, Hektik aus. Vage nehme ich ein helles Wischen um eine Ecke weiter vorn in der Straße wahr – und dann stehen wir alle ganz verdattert um einen fassungslosen Peter Pistanek herum. Die „Lobby" ist eng, plüschig und stickig, was zum Teufel ist denn passiert? Jacek versucht den Überblick zu gewinnen – und nach einer langen Schrecksekunde ist klar, daß Peter P. das erste Opfer der berühmt-berüchtigten Straßendiebe geworden ist. Ich glaub' es nicht – er ist doch gerade noch neben mir gestanden, sein Case mit Notebook, Handy und noch ein paar anderen kostspieligen Kleinigkeiten dicht neben sich. Hat sich nur umgedreht, um die Reisetasche aus dem Kofferraum zu fischen ... und da war das handliche Köfferchen, dem man leider ansehen konnte, daß es Equipment und keine Rasierpinsel beinhaltete, auch schon weg. Und mit der ganzen State of the art-Technologie eines bestausgerüsteten Autors auch noch Paß, Transitvisa und Rückflugticket. Peter P. wirkt so, als würde er am liebsten auf der Stelle heim wollen, noch bevor die Reise wirklich begonnen hat. Ich kann's verstehen. Ich frage, ob eine Zigarette oder ein Drink für den Moment helfen würden, und bekomme einen legendären Satz zu hören, dem er auch sechs Wochen lang treu bleibt: „Thank you very much, this is very kind, but I never smoke or drink when I am not relaxed." Ich bewundere den Mann. Denn obwohl er sich zwischen rasender Wut und hilflosem Ausgeliefertsein an eine ganz dumme Situation von Sekunden nicht entscheiden kann, bewahrt er Haltung. Ich an seiner Stelle würde wahrscheinlich in die Fauteuillehne beißen vor Zorn und eine Zigarette eher fressen als rauchen. Und dabei geht es nicht nur um den Ärger wegen des schmerzhaften materiellen Verlustes – wir wollen ja arbeiten, mailen, telefonieren – ganz zu schweigen von dem Streß mit den abhanden gekommenen Transitvisa ...

Ich gehe etwas ratlos auf mein Zimmer. Der Vorteil des Hotel Mercator besteht für mich hauptsächlich in der Prado-Nähe, ansonsten habe ich, speziell nach dem Klau-Erlebnis, nun ja, sanfte Bedenken. Da kann auch die mehrsprachige Touri-Info auf dem Zimmer nicht wirklich trösten, die launig zum besten gibt, daß Madrid „nicht so gefährlich ist, wie es immer heißt." Na schön, denke ich, was soll's. Materielle Werte sind ersetzbar, auch wenn der Verlust mehr als ärgerlich ist. Und ich gehöre nicht zu den mißtrauischen Menschen, was nicht heißt, daß mir nicht ab und zu die Brieftasche abhanden gekommen wäre. Und, fällt mir mit einem Schmunzeln ein, im Zuge eines Camping-Urlaubs zu Studentinnenzeiten hat mir eine dreiste Person, just in Spanien, mein nagelneues, fliederfarbenes Badetuch geklaut – während ich in der Dusche war. Daß dafür der wild lebende Hund, den wir für die Dauer unseres Aufenthaltes adoptiert hatten, im gerechten Gegenzug die Schuhe der umliegenden Camper apportiert hat, war ja vielleicht kein Zufall. Die Ledermokassins und Turnschuhe gingen jedenfalls wieder ihren rechtmäßigen BesitzerInnen zu.

Barcelona habe ich in gemischter Erinnerung, räsoniere ich weiter, zumal ich da am Rande des Rotlichtviertels logiert habe und ... aber Schluß damit.

Spaziergang im botanischen Garten, neben dem Prado. Wunderbare Düfte, zahllose Brunnen, der Lavendel steht hoch – und, meine Güte, die Kastanien sind schon wieder ziemlich groß ...

Ich schlage rücksichtsvoll einen anderen Weg ein, als vor mir ein Spatz sein Sandbad genießt.

Botanischer Garten Madrid

Ich habe Lust, mich noch ein wenig in umzusehen, bummle die Calle Atocha entlang, in der unser Hotel liegt. Die Betriebsamkeit eines ganz normalen Wochentags greift hier, es ist sehr warm. Ich betrete einen Mercado, der mich an die Markthalle bei mir zu Hause erinnert. Auf zwei Stockwerken sind kulinarische Angebote im Rohzustand arrangiert. Fasziniert betrachte ich Fisch- und Fleischstände, ästhetisch ausgelegtes Obst und Gemüse,

Backwaren, Getränke, Süßigkeiten – eine Orgie von Farben und Gerüchen. Jetzt hätte ich gerne eine Küche zur Verfügung! Da ich mich von dem herrlichen Angebot überfordert fühle, erstehe ich vorsichtshalber bloß eine Flasche Mineralwasser – ja, bitte mit Kohlensäure, so weit reicht mein Spanisch gerade. Ich weiß, wie es endet, wenn ich auf dem Wiener Naschmarkt alle Zurückhaltung aufgebe und so richtig einzukaufen beginne. Da kann dann nur ein spontan einberufenes Fest für FreundInnen helfen zu vertilgen, was nach optischen Kriterien mit muß. Unschlüssig überlege ich, ob ich eventuell hungrig bin, da mein Magen aber keine eindeutigen Signale sendet, packe ich mein herrlich kühles Wasser und setze meinen Spaziergang fort. Ich möchte nochmal zum Bahnhof. Der riesige Ziegelbau fasziniert mich, und ich hab' es einfach mit Bahnhöfen. Ich liebe Bahnhöfe; gehaßt habe ich sie auch schon. Und immer wieder tauchen in meinen Texten Züge und Bahnhöfe auf. Ich finde auch eine Anbindung zu solchen, die eine bestimmte tristezza evozieren können. Kleine, große, abgehalfterte und neu gestylte, solche, die in die alte Struktur gebaut wurden wie in Leipzig, sogar meinen Stammbahnhof, von welchem ich regelmäßig die Franz-Josefs-Bahn besteige, mag ich, was soll ich tun, obwohl ich immer noch um den „alten Franzl-Bahnhof" trauere, der dem architektonischen Größenwahn der 70er weichen mußte und eine umstrittene Konstruktion aus Stahl und Glas darstellt, die vor allem der Reinigungsfirma, die für die Fenster zuständig ist, viel Freude machen dürfte. Ganz zu schweigen von meiner Begeisterung für Provinzbahnhöfe, die teilweise nicht mehr als gerade mal ein Wartehäuschen sind, während andere (noch) über antiquierte Warteräume und altersschwache Süßigkeitenautomaten verfügen, die zwingend Erinnerungen an Bahnfahrten mit den Großeltern heraufbeschwören ...

Aber jetzt und hier ist Madrid, und der Bahnhof ist

sensationell, und vielleicht habe ich nach dieser Reise Bahnhöfe satt – was ich mir andererseits nicht vorstellen kann.

Wie eine fette Kathedrale kommt er mir irgendwie vor. Der riesige Platz, der gar nicht den Haupteingang, sondern einen Seitenstrang der Anlage wie eine überdimensionierte Obstschüssel umfängt, ist seltsam unbelebt. Nur sporadisch kommt der eine oder die andere Reisende hier vorbei, die Bistros und Fast-Food-Lokale sind ziemlich verwaist, die Tische im Freien unbesetzt, die Sonnenschirme haben die Flügel gefaltet. Mir ist es recht, ich hole mir ein spanisches Bier zu meinem Mineralwasser, nachdem ich mich mit Briefmarken und Ansichtskarten eingedeckt habe.

Am späten Nachmittag schlendere ich schließlich ins Hotel zurück, laß mich ein wenig vom spanischen Fernsehen berieseln, um festzustellen, daß die Talkshows und Seifenopern a) austauschbar in ihrer Seichtheit sind, b) Gewinnspiele à la „der Preis ist heiß" eine europaweite (darüber hinaus mag ich gar nicht spekulieren) Volkskrankheit sein dürften und c) wesentliche Kenntnisse der Landessprache nicht erforderlich sind, um dem Verlauf der jeweiligen Sendung intellektuell auf der Spur bleiben zu können.

Ich wende mich also lieber dem Laptop zu und maile meinen Tagesbericht an den Liebsten zu Hause. Und dann ist es Zeit für die erste Kolumne, die „Die Welt" von mir haben möchte.

WENN EINE EINE REISE TUT ...

Es gibt wahrscheinlich ebenso Reisende und deren absolutes Gegenteil, wie es LeserInnen und Buchmuffel gibt. Erstere befassen sich mit dem Objekt der Begierde, letz-

tere nur im unausweichlichen Bedarfsfall – sprich: Geschäftsreise und Fachliteratur. Ich gehöre der Gruppe der Lesereisenden an. Und zum Bahnfahren habe ich eine ganz besondere Affinität. Vielleicht kommt das daher, daß mein geliebter Großvater Eisenbahner war und eine von ihm geerbte Lederjacke, die er als Streckengeher trug, zu meinen persönlichen Schätzen zählt.

Was Menschen zum Reisen treibt, hat vielfältige Gründe. Was aber treibt ein Individuum dazu, sich sechs Wochen lang in einem riesigen Troß von AutorInnen quer durch Europa herumzutreiben? „Ist das denn in Zeiten von Internet überhaupt noch nötig?" fragt ein Journalist bei der Pressekonferenz in Madrid – und er meint damit wahrscheinlich, daß Informationen im 21. Jahrhundert mit viel geringerem Aufwand abgefragt werden können. Und vielleicht hat er damit die Sache auf den Punkt gebracht. Genau darum geht es eben nicht. Nicht das lapidare Erlangen von „Information" ist der Grund, warum man/frau sich für eine Reise entscheidet – es bedeutet immer auch Abenteuer, Unwägbarkeit – und vor allem Leben, das sich schmecken, riechen und fühlen läßt. Derartige Qualität läßt sich nicht per Mausklick abfragen. Menschen, Begegnungen, die sieben Hügel von Lissabon, die der Legende nach dem Zorn einer Nymphe, die von Odysseus zurückgewiesen wurde, entsprangen, auch nicht. Oder der botanische Garten neben dem Prado, in dem es nach Lavendel und exotischen Hölzern duftet. Oder die Tatsache, in einem Zug zu reisen, in dem ein nahezu babylonisches Sprachgewirr herrscht – und trotzdem Kommunikation fließt, egal ob das Idiom der/des anderen nun völlig korrekt gemanagt wird oder eher südländische Improvisationsmethoden zum Einsatz kommen: Unter Aufbietung aller Ressourcen, Hände und Füße eingeschlossen, wird dem Gegenüber schon deutlich, daß mein Herumgehampel bedeutet: „Kaffee trinken?"

Und dann auch noch der köstlich-ambivalente Reiz, wenn endlich die Scham vor dem radebrechenden Gebrauch einer Sprache, die man/frau irgendwann in mühseligen Runden zusammengeklaubt hat, verschwindet und sich plötzlich wieder Tore zu Wortwelten öffnen. Und auf einmal steht eine/r aus einer Ecke dieses so vielfältigen Europas mit seinen 150 (!) unterschiedlichen Idiomen vor dir und grinst dir entgegen: „Na siehst du, es geht ja!"

Das sind die Momente, die haltbare Brücken schlagen, Ängste jedweder Art relativieren, Ein- und Ausblicke ermöglichen. Die auch wieder die Frage nach Sprache als Werkzeug, als Handwerkszeug für kreatives Arbeiten ins Spiel bringen. Die zwingen zur Reflexion über die Bedeutung von und den Umgang mit Kommunikation. „Ich spreche – also bin ich?" – Ja, vielleicht. Aber die Extension – jedenfalls auf dieser Reise – liegt für mich im Zusatz: „... mit euch – und dann bin ich; dabei."

9. Juni 2000

Madrid
Im Prado bleibe ich bei den Bildern von Velázquez hängen und bin völlig fasziniert von der quasi fotographisch perfekten Wiedergabe der gesammelten Palette an Bosheit, Machtgier, Herrschsucht, ultimativer Schlechtigkeit und Grausamkeit in den Gesichtern von Klerus und Adel. Da gibt es das Bild einer hochrangigen Nonne, die aussieht wie eine KZ-Oberwärterin in Person. Sie hält ein Kreuz dergestalt in der Hand, daß ich fürchte, sie könnte gleich damit zuschlagen.

Nach drei Stunden bin ich vollkommen erschlagen, kann monströse Infantinnen und grenzdebil auf

Schlachtrössern hockende Herrscher nicht mehr ertragen, kann mich jedoch gleichzeitig der Faszination des Bösen nicht entziehen. Und ich bin nicht einmal in die Nähe von Hieronymus Bosch gekommen – das verlangt nach einem weiteren Besuch, der sich diesmal nicht ausgehen wird. Aber die Wochenendflüge gibt's mittlerweile in recht günstigen Angeboten, tröste ich mich.

10. Juni 2000

Madrid
Heute steht also mein erster literarischer Einsatz an. Zusammen mit KollegInnen im Goethe-Institut. Die Texte liegen schriftlich in spanischer Übersetzung vor und sollen, soweit ich das mitbekommen habe, auch noch simultan fürs Publikum gelesen werden. Mit einer kleinen Gruppe ziehe ich nachmittags durch die Stadt. Es hat sich empfindlich abgekühlt, und George aus Sofia ist auf der Suche nach einer wärmeren Jacke, während wir anderen ein Café ausfindig machen. Bis zu unserem Date beim Leiter des Goethe-Institutes, der einen kleinen Empfang für uns ausrichten will, haben wir Muße, ein wenig Klatsch aus der Branche (an diesem Nachmittag die deutsch-österreichische Variante) auszutauschen.

Die Wohnung, in der wir uns schließlich zu einem Glas Wein einfinden, ist hell, riesengroß und verfügt über eine Terrasse, die den Blick auf die Dächer von Madrid preisgibt. Sehr schön, finde ich. Als ich der Gattin des Institutsleiters meine Bewunderung für den grandiosen, mehrfarbigen Sternparkettboden im Vorraum ausspreche, erfahre ich von den wahren Leiden einer Kulturdiplomatenehefrau.

Ausgerechnet dieser Fußboden habe sie nämlich beinahe von einem Umzug nach Madrid abgehalten, als sie erste Fotos von den grob geschätzten schlappen 200 Quadratmetern des momentanen Domizils gesehen habe. Sie fände ihn ganz gräßlich, den Rest der bescheidenen Absteige aber akzeptabel – und was sie wirklich zu trösten scheint, zeigt sie mir auf den verschlungenen Pfaden zum Badezimmer: Im Speisezimmer ist ein Klingelknopf in den Boden eingelassen. „Das Knöpfchen", erklärt sie mit ungeschminkter Genugtuung, „ist für das Mädchen."

Ich nicke stumm und ergriffen, während ich mit gespieltem Bedauern überlege, daß ich in meiner Wiener Wohnung zwar problemlos Platz für den Klingelknopf, nicht aber für den dienstbaren Geist hätte. „Das Mädchen" hat offenbar Ausgang, und so müssen wir uns halt die Häppchen selber von den appetitlich hergerichteten Snack-Platten pflücken ...

Am frühen Abend überqueren wir schließlich die Straße und richten uns im Goethe-Institut aufs Lesen ein. Es ist eine recht vergnügliche Veranstaltung mit sehr unterschiedlich angelegten Textsorten. Abgesehen von zwei kleineren Hoppalas sind keine besonderen Vorkommnisse zu protokollieren. Also, zuerst ärgere ich mich über die dämliche Person, die ihr Handy nicht außer Betrieb genommen hat, welches unverdrossen in die Lesung hineinquäkt. Unmutig schaue ich in die Runde, um schamrot zu bemerken, daß es mein Rucksack ist, der da vor sich hinläutet. Und dann bringe ich die Simultandolmetscherin ein wenig aus der Fassung, als ich im letzten Absatz meines Textes während des Lesens spontan kürze – was ich häufig so handhabe. Und was auch ganz okay ist, sofern nicht jemand anders auf den vorliegenden Text und eine gewisse Übereinstimmung verwiesen ist.

Die Veranstaltung endet dennoch harmonisch, wir

sind alle ein bißchen aufgekratzt, weil es am selben Abend weitergeht. Wir haben die erste von insgesamt zwei Nachtfahrten vor uns. Im allgemeinen Trubel finde ich mich im Sammeltaxi wieder – was bedeutet, daß ich den Treffpunkt mit meiner Gruppe nicht einhalte, sondern gleich mit den anderen zum Bahnhof gebracht werde.

Ich greife also zu meinem vorlauten Handy, um Jacek zu informieren. Den kann ich aber nicht erreichen, weil ich seine Nummer offenbar falsch oder unvollständig notiert habe. Die Verwirrung erreicht ihren Höhepunkt, als ich zu Hause anrufe und Peter mir mitteilt, Jacek habe eine Nachricht für mich auf dem Anrufbeantworter hinterlassen – in Wien.

Schließlich finden wir doch noch alle zusammen und rumpeln mit Sack und Pack zum Bahnsteig, wo unser Zug bereits auf uns wartet. Es hat zu regnen begonnen, und keine Rede ist von einer lauen spanischen Sommernacht.

Nach einigem Gerempel und Gerumpel und der kurz aufflammenden Befürchtung, es könnten zu wenige Schlafabteile zur Verfügung stehen, sind wir endlich mitsamt unserem Krempel im Zug.

Ich teile mir eine Klause mit Amanda aus Lettland, mit der ich in der Folge häufige Gespräche in einer bunten Mischung aus Deutsch (das sie ganz ausgezeichnet spricht) und Englisch führe – wobei die Entscheidung für die jeweilige Sprache nicht bewußt getroffen wird – es sei denn, wir befinden uns im Dialog mit dritten, und das Englische stellt die Brücke dar. Es kann schon vorkommen, daß wir nach geraumer Zeit, wenn wir die Unterhaltung längst wieder zu zweit führen, lachend feststellen, daß es auch Deutsch ginge, weil wir beide gerade verbissen nach einem englischen Fachvokabel suchen.

An viel Schlaf ist im Zug nicht zu denken – ständig

stolpert irgend jemand im engen Korridor vor den Abteilen über Gepäckstücke, ist auf der Suche nach Landsleuten oder Attendants oder erkundigt sich bei Amanda und mir, ob wir nicht Lust hätten, noch auf einen Becher Wein oder einen Schluck Wodka drei Abteiltüren weiter vorbeizukommen. Irgendwie herrscht Aufbruchsstimmung Teil zwei – in Lissabon war die Gruppe noch fremd, kannten wir einander noch gar nicht, nun beginnen sich erste Kleineinheiten zu bilden unter Leuten, die aufeinander neugierig sind.

Amanda möchte sich irgendwann ein bißchen hinlegen, ich bin noch nicht müde und bleibe im „polnischen Camp" hängen.

Obwohl es ausgesprochen witzig ist, wie wir uns da ohne größere Probleme durch ein Gewirr von Polnisch, Russisch, Französisch und Deutsch durchmanövrieren, überkommt mich die Reisemelancholia. Ein bißchen früh vielleicht, aber auch das gehört für mich speziell zum Zugfahren, besonders bei Nachtfahrten. Jacek erkundigt sich besorgt, ob sich „Austria" auch nicht allein gelassen fühlt – was ich guten Gewissens verneinen kann. Ich erzähle nur – und das ganz offensichtlich betrübt – daß aus Peters und meinem ursprünglich geplanten Hochzeitstermin im Juli, der noch völlig geheim geblieben ist, nun sowieso nichts würde, was uns aber eh schon vor Monaten klar war. „Why not?" fragt er aufgedreht. Auf meinen begründbaren Einwand, daß ich mich Anfang Juli ein paar Kilometer von zu Hause entfernt und auf einer russischen Bahnlinie befinden würde, so wir unsere Reiseroute einhalten würden, bringt er nur die Frage vor: „Would Peter agree to marry in Russia?" Ich bin sprachlos und vergesse, daß die Jungs den Tetrapack mit Eistee bloß zur Tarnung verwenden – eigentlich ist Wodka drin. Den tiefen Schluck und die Frage muß ich erst verdauen. Während ich noch ziemlich verdattert auf dem Gang eine Zigarette rauche und mir vorzustellen versuche, was Peter von dieser Idee halten wird, ist schon Nelly zu den Beratungen hinzugezogen worden. Sie gehört nicht nur dem Berliner Organisations- und Begleitteam an, für sie gibt es auch kein Problem, das sie nicht pragmatisch lösen könnte. Aber, wende ich schüchtern ein, wie soll das denn alles funktionieren – und Peter hat kein Visum, ganz zu schweigen von seinem abgelaufenen Reisepaß, und im Moment herrscht in Österreich das große Paßchaos, weil die Vergebührung zur Ausstellung dieses Dokuments demnächst verdoppelt werden soll. Deshalb steht halb Österreich ab sechs Uhr morgens auf den Ämtern und will noch schnell einen neuen Paß zum alten Tarif – und das Spezialpapier ist der Staatsdruckerei aufgrund des Ansturms auch ausgegangen. Als ich all das vorbringe, komme ich mir unwillkürlich wie eine Figur aus Herzmanovsky-Orlandos Erzählungen vor. Aber das Polen-Deutschland-Duo winkt lässig ab: Das kriegen wir schon hin, jetzt frag ihn halt, ob er kommen will. Die ganze Idee ist so verrückt, daß es schon wieder paßt. Jacek leistet überflüssige Überzeugungsarbeit, indem er meint, Anfang Juli seien wir in St. Petersburg – und das gehe sich genau mit den Weißen Nächten aus ...

Außerdem, schiebt er noch zu meiner Beruhigung nach: „You know the best combination for perfect deals? Polish organisation and German humour."

Ich bin beruhigt und versuche, noch ein Quentchen Schlaf zu ergattern, aber daraus wird nicht sehr viel. Ich bin zu überdreht, und als ich mir endlich eine halbwegs bequeme Mulde zurechtgepolstert habe, nicht mehr friere und mich nicht irgendwo irgendwas drückt, beginnt rund um mich schon wieder das große Rumoren.

11. Juni 2000

Bordeaux
Ich wußte ja, daß wir zu einer Unzeit den Zug wechseln müssen, weil Spanien und Frankreich nicht dieselbe Spurbreite auf ihren Schienen führen. Aber das hilft kurz nach 6 Uhr morgens gar nicht weiter. Verschlafen und verknautscht trotten wir auf den gegenüberliegenden Bahnsteig, ja, schon gut, spanisch-französische Grenze, irgendwo in der Pampa, kann schon sein, daß das einen phantastischen Plot für eine Erzählung hergäbe, aber nicht für mich, nicht jetzt, ich will auch kein Foto machen und bitte auf keinen Fall fotografiert werden, und es ist grau und nebelig und ungebührlich kalt.

Bordeaux heißt unser nächster Programmpunkt, aber bis dahin gönne ich mir noch ein wenig Dösen, nachdem wir wieder den ganzen Troß in den anderen Zug geschafft haben.

Als wir ankommen, ist es immer noch viel zu früh am Morgen, und das Wetter hat sich nicht gebessert. Direkt neben dem Bahnhof hat eine Cabaret-Gruppe ihre Bühne aufgebaut. Die KünstlerInnen haben auszugsweise unsere Texte verwendet und in Szenen übersetzt. Sie tun mir herzlich leid, wie sie da frierend und tapfer performen, kaum eine/r von uns hat mehr als einen flüchtigen Blick für die Truppe über, wir sind gerädert von der Nacht im Zug, und das Bistro gegenüber ist für den Moment erheblich verlockender, zugegeben. Da aber auch das französische Empfangskomitee ganz offensichtlich nicht mit einem Herbsteinbruch zu Sommeranfang gerechnet hat, stehen wir ein bißchen verloren vor den hübsch gedeckten Tischen – im Freien. Die Wacheren und Schlaueren flüchten sich auf der Stelle in den Indoor-Bereich, der sofort überfüllt ist, trotz der zwei charmant angelegten Etagen. Ich ergattere zwar einen Platz unter einem Sonnenschirm – aber der heftig auffrischende Wind bringt jetzt so richtig Regen mit, was sowohl den Schirm als auch mich kapitulieren läßt. Frisches Baguette hin oder her, ich brauche Kaffee, und zwar viel, heiß und stark. Das dauert, weil ich mit diesem Bedürfnis nicht allein an der Bar stehe und die freundlichen Angebote zu einem Zwischendurch-Milchkaffee – die ganz französische Sorte – ablehnen muß: Allein der Anblick dieser henkellosen Riesenhäferl, in denen ein Milchsee vermischt mit Bohnenfragmenten gegen das Keramikgestade schwappt, ist nichts für mich. Aber schließlich kann ich meine Eispfoten doch dankbar um einen fingerhutgroßen Schwarzen, Koffein pur & heiß, klammern. George, der sich im nachhinein noch dazu gratuliert, in Madrid eine überteuerte, aber warme Jacke erstanden zu haben, rettet meinen Morgen dann endgültig, indem er mir kommentarlos ein kleines Glas Sherry in die Hand drückt. Ich finde es zwar noch ein bißchen früh, aber er hat vollkommen recht – es wärmt.

Langsam wären meine Systemfunktionen so weit, die Umgebung zu registrieren – da kommt das Signal zum Aufbruch, die Hotelbusse warten.

Wir checken ein in einer ziemlich aufgemotzten Hotelburg, die ein wenig an ein Kongreßzentrum erinnert. Was mich sofort für das Quartier einnimmt, ist die Tatsache, daß es nur durch eine Straße und ein wenig Ufer von der Garonne entfernt liegt. Wo Fluß ist, kann's nicht verkehrt sein.

Es sei denn, frau meldet Internet-Dringlichkeiten an, schließlich hab' ich zu Hause was zu erfragen. Strom gibt's, Deckenbeleuchtung, Badezimmerlicht, Leselampe neben dem Bett (in acht von zehn Fällen passiert es mir als fanatischer Bett-Leserin, daß das Nachtkastllicht nicht leuchtet, was mich an den Rand der Krise treibt) – alles wunderbar. Bloß die online-Verbindung erklärt stur, daß kein Einloggen möglich ist.

Vergiß „Oh Herr, gib mir Geduld“ – das war in Lissabon, ich habe ohnehin schon die Übersicht über die Zeitrechnung verloren, und ob wir jetzt Samstag haben oder Sonntag, ist mir auch egal, eine Verbindung will ich, auf der Stelle. Bevor ich mit meinem Laptop handgemein werde, rettet mich das Handy. Es mag kooperieren, mein Netz-Problem läßt sich fernmündlich klären – dann hole ich tief Luft und frage nach, wie denn das so wäre, eventuell, mit Petersburg. Erst verblüfftes Schweigen, dann Lachen. Ich weiß schon, warum ich den Mann heiraten will. Also dann ... Den Rest können wir persönlich klären, wenn Peter auf unserer Deutschlandroute zu Besuch kommt.

Ausflug zum Chateau Haute Lafitte. Wir sind zu einer Weinkost eingeladen. Die ganze Anlage wirkt ein bißchen wie ein Märchenschloß – und die dazugehörige Geschichte des Ehepaares, das diesen Besitz samt Weinbau verwaltet, reicht auch an die Dream-come-true-Stories heran: Die beiden waren in jungen Jahren französische Skistars, und nach der Sportkarriere haben sie sich in diesem großartige Ambiente auf die Winzerei verlegt. Es schaut ganz so aus, als würden sie ihr Geschäft verstehen. Seit ich vor Jahren ein Weinlexikon lektoriert habe, kann ich meinen (unprofessionellen) und sozusagen qua Geburt rudimentär vorhandenen Kenntnissen zum Thema Weinbau einen Hauch von Wissen hinzufügen. Über den Terrassenweinbau in der Wachau, Lagen und bevorzugte Sorten bin ich einigermaßen informiert, und Wein gelesen hab' ich auch öfter als einmal. Ich kann durchaus mit Rebschere und Gummistiefeln umgehen. Aber die Praxis, Rosenstöcke an die Enden der Zeilen

Weinstöcke und Rosen

zu setzen, um die Weinstöcke vor Schädlingen zu schützen, kannte ich bislang nur aus der Literatur. Es ist eine wahre Pracht und kein Vergleich zu Pestiziden, die aus Flugzeugen versprüht werden – wenn ich auch fürchte, daß die Rosen allein dem hochkultivierten Weinbau als Schädlingsbekämpfungsmittel nicht ausreichen werden. Der Tag ist zwar eher trüb und feucht, aber die gelben Blütenköpfe leuchten die Gegend trotzdem aus. Was allerdings der überdimensionale Osterhase vor dem Anwesen zu bedeuten hat – eine riesige Metallinszenierung, die lustig in der Gegend steht –, kann ich beim besten Willen nicht eruieren.

Osterhase

Chateau-Pfau

Den Chateau-eigenen Pfau kann ich besser interpretieren. Er muß an BesucherInnen gewöhnt sein, denn er zeigt keine große Scheu, wirft sich auch auf höfliche Anfrage recht professionell in Fotopose – schön eingerahmt von zwei steinernen Löwen am Ende einer kurzen Treppe. Nur das mit dem Radschlagen möchte er an diesem Tag nicht – vielleicht war mein Fotohonorarangebot zu niedrig. Und immer wieder passiert es mir, daß ich beim Anblick von Pfauen grinsen muß, weil ich die zwingende Assoziation zum Literaturbetrieb nicht vermeiden kann.

Wir bekommen eine Führung durch die mustergültige Kellerei und das Haupthaus, in dem ein beeindruckendes Buffet samt den edlen weißen und roten Tropfen auf uns wartet.

Ein Kollege aus Armenien ist überzeugt davon, daß abends die Hackler ankommen, die Kulisse abräumen und am nächsten Morgen wieder aufbauen.

Wir dürfen uns durch eine sorgfältige Auswahl von Weinen kosten, was mich für meinen Zusatzstreß bei der chaotischen Madrid-Abreise mehr als entschädigt:

In meiner Hektik wegen des verpatzten Treffens mit meiner Gruppe war ich ziemlich spät dran, als mir einfiel, daß es ganz günstig wäre, für die Nachtfahrt Getränke einzukaufen, da der Zug keinen Speisewagen führte. Ich mußte feststellen, daß ich aber keine Peseten mehr vorrätig hatte. Was soll's, Plastik fantastic – auf zum nächsten Bankomaten. Es war aber offenbar nicht meine beste Zeit für Zahlenkombinationen, Bankomat hin, Handy her – ich stand stumpf vor der Maschine und war außerstande, mich an meinen Code zu erinnern. Als der Aparillo zum zweiten Mal gereizt die Herausgabe von Geld verweigerte, brach ich das Unternehmen „Durst" kommentarlos ab, weil ich mich schon abfahren sah im unbehaglichen Bewußtsein, daß das garstige Metallmonster meine Karte geschluckt hatte. Zum Glück waren die KollegInnen weitsichtig und großzügig und nicht so daneben wie ich ...

Weil wir schon in der Gegend sind, nehmen wir gleich noch ein zweites Chateau in Augenschein.

Auch hier, wo der Dichter Mauriac gelebt und gearbeitet hat, ist die Gegend malerisch.

Das Wohnhaus des Schriftstellers ist nun in das Weinschloß eingebunden und als Museum konserviert. Ich überlege mir die Sache mit Ruhm und Ehre ernsthaft. Ich bin mir nicht sicher, ob ich es goutieren würde, daß posthum Horden von Touris durch mein Schlafzimmer und meine Küche hatschen. Wir werden ordentlich zu Grüppchen à 15 Personen arrangiert und sind zu andächtiger Bewunderung angehalten. Das Gefühl dazu entspricht in etwa lange zurückliegenden Exkursionen der Schulzeit.

Die Dame, die für unsere zahlenmäßig insgesamt doch recht üppige Gesellschaft ihren Vortrag in Serie abspulen muß, ist Kuratorin und Fremdenführerin in Personalunion und wirkt genervt. Das ist einzusehen, anderseits kommt in mir auch eine gewisse Gereiztheit auf, weil ich kein besonderes Faible für klassische TouristInnenprogramme hege.

12. Juni 2000

im Zug von Bordeaux nach Paris
Heute am Morgen läßt der Himmel ein bißchen Blau zu. Ich beeile mich mit dem Frühstück, die Busse zum Bahnhof nehmen schon vor dem Hotel Aufstellung, ich muß noch meinen Koffer mit einem Schildchen versehen, damit der Gepäckservice weiß, wo er welche Teile in Paris in welches Hotel liefern soll. Wir müssen nicht mehr selbst schleppen, was nicht nur angenehm ist, sondern die Prozedur des Rein-in-den-Bus-raus-aus-dem-Bus-rein-in-den-Zug deutlich vereinfacht. An der Tatsache, daß wir ziemlich viel Zeit mit der kontemplativen Qualität „Warten" verbringen, ändert das allerdings nichts.

Ich möchte jedenfalls vor der Abreise unbedingt noch an den Fluß. Am Ufer der Garonne habe ich ein bezaubernd schönes Karussell entdeckt. Wie in einer Mischung aus Kindheitserinnerung und Disney-Kitsch steht es da, und ich muß das im Morgenlicht fotografieren. Da es noch ziemlich früh ist, ist die Uferpromenade menschenleer, auch die umliegenden Bistros haben noch geschlossen. Nur der Karussell-Besitzer ist schon eifrig mit Bürste, Wasserschlauch und Kübel zugange.

Die Pferdchen wollen gestriegelt werden, und der emsige Herr produziert in der frühen Sonne einen herrlichen Regenbogen. Ich umkreise das Ringelspiel möglichst diskret mit meiner Kamera. Ich möchte den Mann nicht stören – und ich möchte auch nicht angesprochen werden. Diese stille Stunde, der Morgenglanz, der noch über dem unangepatzten Tag liegt, die weißen Karussellpferde mit ihrem prächtigen Zaumzeug, Cinderellas Kürbiskutsche – all das verströmt eine spezielle Poesie, die ich durch nichts gebrochen haben möchte.

Das Kriegsschiff, das ein paar Meter den Fluß hinunter ankert, finde ich weniger bezaubernd.

Karussell am Morgen

Dieser Schnellzug macht seinem Namen tatsächlich alle Ehre. Den Preis dafür zahlen allerdings meine Ohren – bei jedem Gegenzug oder beim Einfahren in einen Tunnel wird der Druck ziemlich unangenehm. Ein rasendes Krokodil ist das.

Mit Amanda Bücher getauscht. Sie ist eine tolle Lyrikerin, und „Die Untiefen des Verrats" möchte ich mir in der Rowohlt-Übersetzung unbedingt besorgen.

Reisen. Ich finde es nach wie vor irgendwie seltsam. Allein der ganze Krempel, den der Mensch des 21. Jahrhunderts so mit sich herumschleppt – angefangen von der Nagelfeile bis hin zum Laptop. Ist Reisen eine Notwendigkeit? Dient es der Distanzfindung? Der Erfahrung? Der persönlichen Neugierde? Wir kommen jedes Mal auf den diversen Bahnhöfen an wie eine Truppe von Intruders und Invaders. Bin ich denn eine Reisende? Ich bin mir nicht sicher.

Im Moment komme ich mir gerade ein wenig vor wie

im Zoo, denn das französische Kamerateam muß unbedingt AutorInnen beim Schreiben abfilmen, und die Art und Weise, wie das passiert, hat etwas Unappetitliches, Medien hin, Medien her. Man könnte wenigstens gefragt werden, ob's stört oder in Ordnung ist. Jetzt knallt dieser Lichttrottel gleich seinen Hintern in mein Reisetagebuch, und mir reicht's auf der Stelle. Mediengeier!

13. Juni 2000

Paris
Kleine Bestandsaufnahme meines Hotelzimmers: Das Doppelfenster nimmt seine Bedeutung sehr ernst, beide Rahmen kleben aneinander und lassen sich nur unter beträchtlichem Kraftaufwand öffnen, dafür läßt die ganze Inszenierung sich nur offen halten, indem man eine zusammengewuzelte Zeitung zwischen Fensterrahmen und Fensterstock klemmt. Die Weichplastikklobrille liegt nur als pure Dekoration auf dem Örtchen, sprich, die Halterung hat sich verabschiedet, die Größe des Zimmers entspricht ungefähr dem Volumen meines Gepäcks, aber das Bett hat noch Platz ... oh, le joli Paris ... Im Fernseher neben mir läuft gerade ein absoluter Schwachsinnsschinken mit Arnie, wie wir ihn lieben, Mimik und Story unterscheiden sich nur unwesentlich von „Conan, der Barbar", dabei wollte ich nur einen Musikchannel ... na ja. Wenigstens gibt es eine funktionierende Steckdose, denn mein neuer Sport in jedem Hotelzimmer lautet „Strom suchen", um das Handy aufladen und den Laptop anschließen zu können.

Der gestrige Abend im Cabaret Sauvage war fröhlich, bunt und voller Musik. Das Lokal, in dem wir uns alle zu einem geselligen Abend einfanden, ist in Wahrheit eines dieser alten Spiegelzelte, die ich so liebe. Auf dem niederösterreichischen Donaufestival begegnet mir jährlich eines, und auf der Buchmesse in Frankfurt, und die Erinnerung an den Auftritt des Palastorchesters mit seinem Sänger Max Raabe drängte sich auf, macht im nachhinein noch Spaß. Viel Musik gab es am letzten Abend auch im Pariser Spiegelambiente – allerdings aus der Dose, was uns aber nicht am Tanzen hinderte. Ich pfiff schließlich auf meinen noch immer geschwollenen Knöchel, der mich regelmäßig beim Ein- und Aussteigen auf dem Bahnsteig quält. Irgendwann muß es genug sein. Und in Zukunft, habe ich mir fest versprochen, werde ich am Tennisplatz keine überflüssigen Bälle herumliegen lassen. Eigentlich lernt man das in der ersten Trainerstunde ... Fort mit Schaden, das bißchen Discogehopse klappte schon.

Jetzt, hier in diesem sonnigen Straßencafé, hätte ich gerne meinen zerlesenen Prévert dabei. Seit meinen Studienjahren begleitet mich der Band mit den Balladen und Gedichten, manchmal muß ich meine Lieblingstexte laut lesen – im Original, obwohl ich mich, wann immer es geht, weigere, Französisch zu sprechen. Ich habe diese Sprache einfach nie gut genug gelernt – aber jetzt komme ich teilweise am rudimentären Gebrauch nicht vorbei, weil ein paar von den KollegInnen kein Englisch können, dafür in perfektem Französisch parlieren – und mich zwingen, nach längst vergessenen Vokabeln und Wendungen zu kramen.

Mit ein bißchen Phantasie könnte ich mir das Zuviel an Verkehr wegdenken, aus dem riesigen Kühltransporter, der da gerade dem Laden gegenüber Ware liefert, einen alten Kübellastwagen mit Schnauze und Seitenfühlern machen, die gestreifte Markise müßte weg, und schon hätte ich dieselbe Kulisse wie auf dem Theaterplakat, das alle mein Umzüge mitgemacht hat und von dem aus Prévert mich nachdenklich beim Schreiben betrachtet. Na gut, den Pernod kann ich ja ordern ...

Ich sitze also in Paris in der Sonne. Ich sitze also schreibend in einem Pariser Straßencafé in der Sonne. Ich sitze also schreibend in einem Pariser Straßencafé in der Sonne und reflektiere über das Schreiben.

Langsam breitet sich ein spezielles, ganz ausgewählten Momenten vorbehaltenes Gefühl aus, das wohl dem Zustand eines absichtslosen Glücks am nächsten kommt. Eine momentane, auf nichts gerichtete Zufriedenheit, eine Freude an der Welt. Ein Zustand, der nie lange vorhält – eine Kostbarkeit. Wie wenn man beim Schwimmen aus Jux und Tollerei eine Rolle im Wasser dreht, einen Purzelbaum schlägt aus Über-Mut. Sich vorkommt wie eine Limonadenflasche aus Kindertagen, in der die Kohlensäure kitzelnd hochsteigt. Ein Sommergefühl wie sehr viel früher, als es noch „Ferien“ gab und nicht dieses meist auf kümmerliche zwei Wochen zusammengeschrumpfte Beeilen, mit dem Ausrasten und Sonne sammeln gerade so anzufangen, bevor sich schon wieder Pflichten und Termine ins Bewußtsein drängen. Immer diese absolute Gewißheit – jedes Jahr wieder Lügen gestraft, daß der Sommer endlos wäre und sich die Tage am Wasser wie Perlen auf einer bunten Kette aneinanderreihen würden, flankiert von Büchern, die nie zu enden versprachen, gekrönt von Schlauchbootpartien auf dem Fluß.

Das ab und zu wieder auszukosten ...

15. Juni 2000

Paris
Nichts wie weg von hier. Ich hätte es wissen sollen. Aus mehreren Gründen. Aber ich bin vorgestern auf den Mo-

ment hereingefallen, obwohl ich schon Bedenken hatte, als ich von der Veranstaltung erfahren hab, der ich zugeteilt worden bin. Und außerdem geht in diesem Land für mich ganz persönlich jedes Mal irgend etwas schief ...

Natürlich war ich schon vor meiner Abreise darauf gefaßt, daß mir Fragen zur schwarzblauen Befindlichkeit in Österreich gestellt werden würden – und so ist es auch; die KollegInnen wollen immer wieder von mir wissen, was und wie es jetzt denn tatsächlich wäre, und sie teilen mir mit, was sie aus ihren heimischen Medien erfahren haben. Und das alles ist auch völlig in Ordnung.

Die Podiumsdiskussion gestern im Centre Pompidou war es nicht. Mein Mißtrauen war bereits in Alarmbereitschaft, als ich den Titel dieser Veranstaltung zur Kenntnis nehmen mußte: „European Intellectuals watch Austria". Daß ich selber auf der Watchlist stand, war bald evident. Es wurde in einer Runde von KollegInnen diskutiert, die allesamt sehr seriös und moderat waren, was die österreichische Situation samt Weisenrat anlangt. Die Diskussionsleitung war das nicht. Und es ging im Prinzip um den Versuch einer öffentlichen Hinrichtung. Egal, wie ich zu argumentieren versuchte, das Ergebnis stand bereits fest. Meine Bemühungen zu erklären, daß ich diese Regierung weder gewählt hätte noch goutieren würde, daß ich anführte, gerade (auch) in der AutorInnenschaft gäbe es eine massive Protestbewegung, die sich in eindeutigen Publikationen äußern würde – und daß ich schließlich hier nicht als Außenministerin oder Parteigängerin, sondern als Autorin säße: aussichtslos.

Besonders tückisch war aber die Praxis, in der diese angebliche Diskussion abgeführt wurde: Da ich erklärt hatte, ich würde keinesfalls Französisch diskutieren, wurde mir widerwillig die englische Sprache zugestanden, was, wie ich im nachhinein erfuhr, als absoluter Affront angesehen wurde. Die Simultandolmetscherin bemühte sich zwar, hatte aber auch noch eine Kollegin zu betreuen, die kein Wort Französisch sprach, und außerdem war zugesichert worden, daß alle Fragen nach der französischen Version auch Englisch gestellt würden. Was nicht der Fall war. Ich konnte so recht und schlecht der Originalformulierung folgen, durfte aber meinen Standpunkt nicht zu Ende ausführen, und außerdem war ich persönlich nicht bloß für Haider und Schüssel, sondern auch für den Katholizismus und die falsche Rezeption von Thomas Bernhard verantwortlich.

Das süßliche Getue der Moderatorin – eine gnadenlose Selbstdarstellerin, die wohl vor Ort einen TV-Journalistinnen-Bonus genießt, war mir schon bei der Vorbesprechung im Café unangenehm gewesen. On Stage verwandelte sie sich in eine keifende Hyäne.

Ich hatte danach die Schnauze gestrichen voll – und die chaotische Folgeveranstaltung, den „marché aux livres", hab' ich ausgelassen. Die Idee einer Kleinbuchmesse im Freien mag ja ganz nett sein, aber unsere Bücher, die brav von den Verlagen angeliefert worden sind, habe ich nirgendwo vorgefunden – und nach stundenlangem Warten auf einer Jahrmarktsbühne ein bißchen vorlesen zu dürfen, das war's für mich ganz bestimmt nicht.

Zweifel an der literarischen Bedeutung dieser Reise tun sich massiv auf.

16. Juni 2000

Lille
Raus aus dem Zug, rein in den Bus, raus zum nächsten Empfang mit großem Kinderchor und Ansprache und Buffet. Nun gut, hier bleiben wir nur einen Tag. Es ist

grau, nieselig und kalt. Ich fühle eine Erkältung in die Knochen kriechen. Also beschließe ich, nach dem offiziellen Teil in mein Zimmer zu flüchten. Das Hotel liegt in unmittelbarer Bahnhofsnähe, also kann ich mir da am späten Nachmittag noch einen Laden suchen, in dem ich mich mit Obst und Vitaminsaft eindecke. Dann ist der Tag für mich gelaufen.

Hat auch gereicht, nach dem kurzfristigen Schreck: Unser Gepäck türmt sich wieder mal zu einem beeindruckenden Haufen neben dem Festsaal des Bahnhofs, aber mein Köfferchen, in dem mich der Laptop begleitet, hat sich verlaufen. Ich mache erst einen freundlichen Busfahrer ganz nervös, den ich überrede, mit mir nochmal in seinem Fahrzeug nach meinem Gepäckstück zu fahnden – natürlich ergebnislos. Und dann drehe ich meine Runde durch den riesigen Saal, bis ich das verlorene Teil bei den Schweizern finde, wo es zutraulich in einer Runde Handgepäck wartet.

17. Juni 2000

Brüssel
Die Hausaufgabe im Zug nach Brüssel: Wir bekommen Postkarten in die Hand gedrückt und jede/r ist angehalten, 40 Worte zu „Europa“ zu deponieren. Na ja, denke ich, was soll's. Bin ja gespannt, was das werden soll. Aber es ist noch schlimmer, als ich befürchte. Schon beim Ankommen wird klar, daß hier eine Pflichtübung droht, vor der kein Entkommen ist. Wir werden nicht auf diverse Hotels aufgeteilt, sondern gleich in die Busse verfrachtet – und auf geht's zum Europaparlament. Stimmt schon: St. Pölten ist überall. Und Verwaltungsmoloche sind auch architektonisch austauschbar. Ein unbeschreibliches Gefühl der Öde überkommt mich, als wir uns über die Arena eines x-beliebigen Sitzungssaals

ausbreiten. Dürfen jetzt die AutorInnen Europa schauen – oder schauen die Kulturvertreter des Parlaments vom Podium aus europäische AutorInnen an?

Stundenlang wird dann eine Idee beschworen und gelobt, die ich in dieser Form eigentlich nicht sehe, zu sehr wird da vorsätzlich über einen äußerst bemühten Kamm geschoren. Und dann kommt der wahre Zaubertrick: Unsere gesammelten Postkarten sind in einem Zylinder gesammelt, und repräsentativ werden ein paar davon gezogen, die von den einzelnen gelesen werden dürfen bzw. müssen. Ich habe es leider verabsäumt, den Saal rechtzeitig zu verlassen – und komme mir ganz schön blöd vor, mit diesem Gefühl wie in der Volksschule. Irgendwann endet auch dieser Vormittag – und ich hab' das deutliche Gefühl, über ein paar Strukturen nachdenken zu müssen. Ich erkenne nach wie vor mit Freude die Idee dieser Reise an – nämlich einen Event zu kreieren, der eine enorme Logistik erfordert und sehr unterschiedliche Individuen mit sehr unterschiedlichen literarischen, künstlerischen Ambitionen für sechs Wochen gemeinsam touren zu lassen. Um Literatur im engeren Sinn geht es aber nicht. „We are a bit like bears in the zoo", meinte Kamiel vor ein paar Tagen lächelnd, als ich meine diesbezüglichen Vorbehalte anmeldete.

Brüssel kommt mir erstaunlich verwahrlost und dreckig vor. Das Viertel, in dem sich unser Hotel befindet, liegt zwar nur 15 Gehminuten vom Zentrum entfernt, flößt aber kein wirkliches Vertrauen ein. Bunt und fröhlich wirkt aber die Mischung aus ganz offensichtlich multikultureller Bevölkerung – zumindest auf den ersten Blick. Bei genauerem Hinsehen läßt sich in dieser Europa-Hauptstadt ziemlich viel Armut feststellen.

Da ich mich für Fußball nur dann interessiere, wenn ich WM-bedingt den Fernsehkanal wechseln muß, um auf irgendeinem Sender dem runden Leder zu entkommen, habe ich nicht so ganz mitbekommen, daß wir zeitgleich mit einem wichtigen Ländermatch in Brüssel sind. Messerscharf schließe ich, daß England gegen Belgien antritt, da das halbe Hotel mit britischen Schlachtenbummlern bevölkert ist.

Ich mache mich auf die Suche nach einer Möglichkeit, ein paar Kleinigkeiten einkaufen zu gehen, und lande in einer Mischung aus Trafik und Gemischtwarenhandlung. Das Verkäuferpaar möchte gern ein bißchen mit mir plaudern, und nach dem unvermeidlichen „Woher" gefragt, staunen sie mich mit großen Augen begeistert an: Ich bin ihre erste Österreicherin, behaupten sie überzeugend.

Mir war eigentlich nicht so ganz bewußt, wie exotisch die Alpenrepublik sein kann.

Ich trödle ein bißchen durch die nähere Hotelumgebung und richte mich danach auf einen faulen Tag ein. Mit einem Buch und meinen Notizen habe ich es mir gerade auf dem Bett bequem gemacht, als das Telefon meine kontemplative Ruhe stört.

Die Koordinatorin der Brüssel-Veranstaltungen ist am Draht und fragt ein bißchen gehetzt, wo ich denn bliebe. Mir bleibt die Luft weg – und nach einem Blick auf den Stundenplan stelle ich mit siedendheißem Erschrecken fest, daß ich zu einer Diskussion eingeteilt bin. Nicht schon wieder, stöhne ich innerlich und weiß, daß ich diesen Termin schlicht verdrängt habe.

Ich hüpfe in präsentable Klamotten, haste zum Empfang und ordere ein Taxi. Nach einer nervtötenden Viertelstunde, in der ich dem Fahrer die Touristenumwegrunde unterstelle (nicht ganz zu Unrecht, wie mir es beim Heimweg vorkommt), bin ich im Café, wo ich von einer kleinen Runde erwartet werde, die sich für österreichische Literatur interessiert.

Die Moderatorin ist freundlich, gut vorbereitet –

und das Publikum möchte, daß ich Deutsch spreche. Ich entspanne mich. Was ein bißchen verfrüht ist, weil ich – nicht zum ersten Mal – mit der Einschätzung konfrontiert bin, die österreichische Literatur wäre Thomas Bernhard. Nichts gegen Bernhard, aber der eine oder die andere sind da neben einem Denkmal schon noch zu verbuchen, werfe ich ein. Schließlich fällt der Name Jelinek, was mich beruhigt – auch das zu früh. Polarisiert und verknappt wiedergegeben ist der Stand der Diskussion eine Zeitlang folgender: Bernhard ist radikal, unantastbar, ein Mann und tot. Jelinek ist zu radikal, kritisierbar, eine Frau und am Leben. Ich habe gut zu tun mit meinem Versuch, diese Sichtweise ein bißchen zu hinterfragen und aktuelle Namen des gegenwärtigen Betriebs einzubringen.

Es ist kein unangenehmes Gespräch, obwohl ich den Standards zum Thema Österreich natürlich auch hier nicht entkomme.

Nach mehr als zwei Stunden sind alle erschöpft – und ich bin es ein bißchen leid, den permanenten Spagat zwischen Tagespolitik und Germanistik hinzubalancieren.

19. Juni 2000

Brüssel
Und schon wieder eine Diskussion. Diesmal zum Thema „literarische Übersetzungen" – ich gebe zwar vorab zu Protokoll, daß ich mich dabei völlig fehl am Platz fühlen würde, denn die Tatsache, daß ich fallweise ein bißchen aus dem Englischen übersetze, ist für mich noch lange keine ausreichende Begründung, an einer Fachdiskussion teilzunehmen – aber das macht offenbar gar nichts.

Worum es dann tatsächlich geht, ist mir nicht so klar, bleibt aber auch den Kollegen am Podium offenbar verborgen. Die Moderatorin erzählt sehr lange über ihre Ansichten zum Thema, über das Übersetzungsinstitut, dem sie vorsteht und zukünftige Pläne. Und ich übe mich zum Spaß im – zugegeben sehr bedingten – Simultanradebrechen, denn mein Sitznachbar versteht nicht einmal Bahnhof, und wir sind gemeinsam bemüht, ein paar fatale Irrtümer, seine Person betreffend, auszuräumen. Die Namensschilder, hinter denen wir brav aufgefädelt sitzen, entbehren nicht einer gewissen – nun ja – Eigendynamik, aber beim Kollegen wird es schon etwas peinlich: Sein Name ist ein wenig verfremdet wiedergegeben, er stammt nicht aus England, sondern aus Irland – und übersetzt hat er sowieso noch nie irgendwas.

Wir haben aber trotzdem danach noch einen netten Abend und treiben uns ganz international (Irland, Griechenland, Zypern und Österreich) auf der Suche nach einem Lokal durch die Stadt. Auf dem Heimweg (wir müssen nach links, nein, über die Brücke hier und dann rechts, aber nein, da vorne, bei dem Café an der Ecke, hat jemand die Hoteladresse dabei ...) ein unbeschreibliches Bild, ein Szenario wie aus einem Vampirfilm: Mitten in einer geschlossenen Häuserzeile welkt ein Abbruchgelände, eine Baulücke wie eine Wunde in der Front, von einem mehrstöckigen Gebäude nur noch die Fassade erhalten, die in der Dunkelheit entfernt an das Kolosseum erinnert – und durch die Fensteröffnungen scheint der Vollmond. Schön & traurig & gruselig.

Aber für melancholische Mondphasenspinnereien ist kein Platz. In der Hotelbar hat sich schon eine Runde von KollegInnen versammelt, alle in hoffnungsvoller Erwartung auf einen Schlummertrunk. Aufgrund des begrenzten Platzangebotes hat man sich mit den selig vom Match heimgekehrten Briten zusammengetan – und die Stimmung ist auf beiden Seiten ausgezeichnet.

Die Sache mit dem rohen Karfiol habe ich bis heute nicht ganz verstanden, nur so viel wurde klar: Einer der Fußballfans verteilte mit wortreicher Überzeugungskraft Karfiolröschen zum augenblicklichen Verzehr, weil – nun, da wird es mit meiner Interpretation diffus ... entweder als Dank an die Fußballgötter oder als Glücksbringer fürs nächste Match – keine Ahnung. Jedenfalls wurde sehr viel gelacht, bis wir uns in den frühen Morgenstunden trennten, um wenigstens noch ein bißchen zu schlafen.

Die Orangerie mit dem wunderbaren Garten, in dem es von Löwen, Krokodilen und allegorischen Monstern in Stein nur so wimmelte, hat mir nachhaltig imponiert. Wir waren zu einem pantomimischen Kabarett eingeladen, und je skurriler die Situationen auf der Bühne waren, desto mehr erinnerten sie mich an unsere Zuggesellschaft.

Es ist ein seltsames Gefühl, das sich nun manchmal einstellt: Die Reise ist für uns Alltag geworden, ein

Vor der Orangerie

Nomadisieren mit kurzen Verweildauern. Ich habe es längst aufgegeben, meinen Koffer auszupacken. Mit schnell erlernter Routine fische ich das hervor, was gerade nötig ist, verfluche meinen Hang zur Übertreibung beim Packen und halte das Chaos zwischen den beiden Hartschalen so weit in Grenzen, daß ich mir einbilden kann, den Überblick zu bewahren. Ist das wirklich? frage ich mich zwischendurch. Ein Drittel der Tour ist fast herum. Jetzt kommt die Deutschlandroute – und ich freue mich unglaublich drauf.

Der ganze Express funktioniert natürlich wie ein Dorf – nach dem Prinzip des Tratsches und der Buschtrommel. Irgendwie sind inzwischen offenbar alle im Bilde, daß Peter auf Besuch kommen wird und daß wir ganz spezielle Pläne für St. Petersburg hegen. Nach den Anfangsvermutungen, daß „Edelweiß" einen der mitreisenden Kollegen zu ehelichen beabsichtige, ist die allgemeine Erwartung nun in blanke Neugierde auf den Unbekannten umgeschlagen.

22. Juni 2000

Deutsch-Polnische Grenze im Gewitter

Polen, kurz nach der deutschen Grenze:
Ein Gewitter mit Wahnsinnsregen, Sturm, in jede offene Ritze unseres entzückenden „Görlitz", diesem 60er-Jahre-Relikt der deutschen Bahn, kommt Wasser rein. Urgewalt und Tristezza da draußen; Felder, Himmel bis zur Erde, düster der Himmel, von

Blitz und Donner aufgerissen. Der Regen versucht, das Land zu ertränken, eine Sturmfaust wirft Krähen in die Höhe. Ist das das Entree in den „echten Osten?“ Paßkontrolle, Schluß mit dem Schengener Abkommen.

Trübe Fotos schieße ich – und kann die letzten Tage kaum glauben:

Der „Görlitz“

Nach einer ziemlich heiteren Fahrt kamen wir in Dortmund an, denn wir mußten natürlich im „Görlitz“ die „Diesel-Rhythmus-Bar“ gebührend würdigen. Eine Jazzband und bunt gekleidete Stelzengeher empfingen uns, ein fröhlicher Trubel, und wir wurden zu den obligaten Begrüßungsworten in die Stadtbibliothek geschleust. Wir waren aber alle schon ein bißchen empfangsmüde und sehnten uns nach einer Dusche. Ich mußte vor mich hinschmunzeln, als ich mich an unseren Aufbruch am

Morgen in Brüssel erinnerte. Mit kindischer Begeisterung hatten wir das Einlaufen des „Görlitz" beklatscht und dann unseren Fotografen zur Verzweiflung gebracht. Der arme Mensch hatte von seiner Stehleiter aus versucht, die ganze Meute vor dem Zug auf ein Foto zu kriegen. Ständig ist jemand halb aus der Reichweite des Objektivs getreten oder weggelaufen, weil noch dringend Wasser zu besorgen war oder Zigaretten vergessen wurden. „If you don't see the camera, the camera doesn't see you", lautete schließlich der hilflose Kommentar.

Als wir im bahnhofsnahen Hotel eincheckten, war ich ehrlich beeindruckt. Wir logierten in der Kategorie „sehr nobel", und da die Temperaturen auf eine beachtliche Hochsommermarke geklettert waren, erwies sich die Klimaanlage als ein Segen.

Ich möchte mich gern in der Nähe des Eingangs aufhalten, da ich nicht genau weiß, wann Peter ankommt. Peter Pistanek ist wieder mal ein guter Kumpel und verspricht, mich beim Warten zu unterstützen, sofern ich noch ein Bier mit ihm trinke. Keine schlechte Idee, obwohl ich ununterbrochen nervös nach meinem Handy schiele. Wir sind gerade in einem intensiven Meinungsaustausch über die Rolle von AutorInnen, und Peter P. erläutert mir, daß er eigentlich gar kein Schreiber, sondern ein als Autor camouflierter Psychologe wäre, der zu Beobachtungszwecken mit von der Partie ist – als er plötzlich mitten im Gespräch meinen verdutzten Gesichtsausdruck mitbekommt. Gelassen sagt er, ohne sich auch nur ansatzweise umzudrehen, „Hi, Peter".

Ja – da steht er also tatsächlich, mein Handy hat nicht geläutet, und beide Peters lachen, weil ich so perplex bin.

Nach viel Händeschütteln und Hallo und Aha schlagen wir uns zu unserer Zimmerbar durch. Wichtige Dinge sind zu besprechen ...

Visa- und Paßantrag laufen, Nelly hat eine offizielle Einladung seitens des Express erwirkt – aber noch wissen wir nicht, ob unser Russland-Plan klappen wird.

Wir verbringen einen strahlenden Sommertag mitten im Ruhrpott – und wenn mir jemand prophezeit hätte, daß ich in Dortmund Eheringe einkaufen würde, hätte ich aus mehreren Gründen abgewinkt ... tja. Vermutlich teilt auch niemand aus der Reihe der Mitreisenden Peters und meine Ansicht über den unverwechselbaren Charme der Dortmunder Innenstadt, die für uns geradezu paradiesische Dimensionen annimmt.

Dann ist uns noch ein gemeinsamer Tag auf der Expo in Hannover vergönnt. Brüllend heiß sticht die Sonne auf das Messegelände, und Peter Pistanek gibt bei unserem gemeinsamen Expo-Besuch aus hitzetechnischen Gründen auf. Als wir auch noch ankündigen, mit der Seilbahn einmal quer über die Ausstellungsfläche schweben zu wollen, betrachtet er erst uns (nachdenklich), dann seinen Umfang (zweifelnd), zuletzt die kleinen, gelben Gondeln (mißtrauisch), um sich dankend (sichtlich erleichtert) zu verabschieden. Wir suchen uns nach diversen Ausstellungshallen und Wanderungen über schwitzenden Asphalt einen Teich im asiatischen Teil der Messe, in dem wir unserer müden Füße kühlen.

Ich bin ein bißchen ratlos bei der Frage, was ich von der Expo halten würde – die ständig abnehmenden BesucherInnenzahlen und das schon zu Laufzeit der ganzen Ausstellung zu erwartende Defizit wecken in mir den Verdacht, daß hier zwar groß konzipiert wurde, das Echo aber auf eine anachronistische Erwartungshaltung seitens der Veranstalter schließen läßt. Eine „Weltausstellung" hat es ganz offensichtlich in den virtuellen Zeiten schwer.

Jedenfalls wird es ein unvergeßlicher Abend, als wir erschöpft und verschwitzt in unser etwas eigenartiges, aber sehr hübsch im Grünen gelegenes Quartier zurückkehren. Wir erfahren, daß es sich bei unserem Logis diesmal um ein Seminarhotel der deutschen Postangestellten handelt. Die Zimmer haben zwar den spröden Charme einer Mönchsklause, aber das Biotop, das zwischen der Wohnanlage und dem Frühstücksbau liegt, ist sehenswert. Ich frage mich, ob sich die hier seminierenden oder urlaubenden PostlerInnen ein bißchen wie zu Schulzeiten auf Klassenfahrten fühlen. Wie auch immer, wir sitzen abends unter einer Markise im Freien, halten der schwülen Hitze, die nach einem mächtigen Gewitter immer noch nicht gewichen ist, deutsches Reinheitsbräugebot entgegen und können uns kugeln vor Lachen über unsere Versuche, bestimmte österreichische Redewendungen ins Englische zu übersetzen. Was aber um Längen an Unterhaltungswert übertroffen wird, wenn Peter P. Redewendungen, die er von seinem ziemlich perfekt deutschsprechenden Vater hat, auf Wienerisch anbringt. Die Bratislava-Wien-Connection wird ausgebaut.

Bücherwürfel, Expo 2000

Und schon sind die Tage in Deutschland wieder vorbei ...

Wir stehen immer noch vor einem roten Signal im Grenzgebiet auf polnischer Seite, der Regen wirft sich immer noch mit aller Macht gegen die Fensterscheiben

– und für mich beginnt nun der wirklich unbekannte Teil der Reise. Außer Portugal habe ich unsere bisherigen Stationen schon früher bereist beziehungsweise als Transitländer passiert.

I'm a train, I'm a train ... I'm a tuckertrain

Woche drei. Aufwachen am Morgen – und schon wieder steht das Bett anderswo, das Badezimmer ist nicht dort, wo es sich noch gestern befunden hat, über die Stadt, in der die morgendliche Konfusion sich abspielt, darf spekuliert werden, und bevor man nicht einen Blick auf den persönlichen Tagesstundenplan geworfen hat, auf dem zum Glück der eigene Name steht, was recht hilfreich sein kann, ist man eigentlich nur einigermaßen darüber sicher, sich irgendwo in Europa zu befinden – aber ...

Manchmal komme ich mir vor wie im österreichischen Kabarett, wo ein boshaftes Bonmot über amerikanische Touristen sagt: „Heute besuchen wir Europa, und morgen machen wir noch Heidelberg." Die Reisepsychologie klärt uns darüber auf, daß wir die erste große Krise noch vor uns haben (angeblich kommt die nach drei Wochen) – aber danach soll's wieder bergauf gehen. Nein, kein Grund zur Klage. Erstaunlicherweise funktioniert dieser Riesentroß recht reibungslos. Wenn man uns so von außen sieht, müssen wir ein ziemlich kurioses Bild abgeben: ein bunter Haufen aus dem Großdorf Europa, eingekeilt auf einem Bahnsteig zwischen Türmen von Koffern und Taschen, ab und zu ein hektischer Attendant, der eine/n seiner AutorInnen kurz vor Abfahrt des Zuges aufzuspüren versucht, ein Kamerateam, das sich unter der Last des Equipments seinen Weg durch dieses Chaos bahnt, Lachsalven in der einen Ecke des Bahnhofs, während in der anderen jemand mit gefurchter Stirn nach einem Gepäckstück sucht – ein Unterfangen, das nicht immer von Erfolg gekrönt ist, denn die ersten Ausfälle an Material waren immerhin schon zu beklagen.

Eine bestimmte Art von Routine hat sich eingespielt, die auf drei Eckdaten beruht: rein in den Zug, raus aus dem Zug; einchecken, auschecken; warten. Wie die Zeiten dazwischen aussehen, wenn keine Lesung, keine Diskussion oder kein offizieller Empfang angesagt ist, bleibt dem individuellen Gusto überlassen. Persönliche Rekorde werden täglich gebrochen: in der Disziplin „Museumsbesuch" ebenso wie in der Meisterschaft „originelle Mitbringsel finden" oder „authentische Lokale aufspüren".

Wie auch immer: Seit Brüssel sind wir so „richtig" in unserem Zug. Als diese 60er-Jahre-Garnitur, über und über mit LITERATUREXPRESS 2000-Schildern und Schriftzügen in allen vertretenen Sprachen am Bahnsteig 4 einfährt, macht sich die erste gruppendynamische Allgemeinrührung breit – der Lokführer winkt, der Zug hupt, die Fotografen haben Hochsaison, und über 100 angeblich Erwachsene regredieren zu einem fröhlichen Kindergarten, der sich vor Freude über die Weiterreise in dieser entzückenden Inszenierung nicht mehr einkriegt. Es ist zur Abwechslung brüllend heiß geworden (beim Ankommen in Bordeaux war's so kalt und regnerisch, daß ein Kollege die Anschaffung eines lebenden Pelzmantels überlegte), wir kurbeln wie wild an den kleinen Hebeln, mit denen sich die Fenster öffnen lassen – allerdings nur, wenn man ein guter Mensch ist, niemals lügt und auch sonst ein anständiges Leben führt, wie mir mitgeteilt wird. (Ich überlasse in einer weisen Entscheidung das Fensteraufmachen anderen.) Die fünf Stunden im „Görlitz" vergehen im

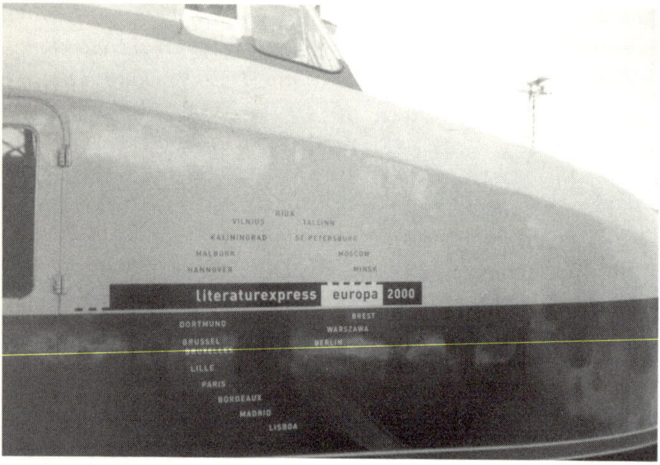

Der „Görlitz“ in Dortmund

Handumdrehen, die „Diesel-Rhythmus-Bar“ ist das erklärte Zentrum in diesem Zug – und in Dortmund gibt's beim Ankommen „großen Bahnhof“ mit Musik und Rosen. Wir nähern uns der Halbzeit.

23. Juni 2000

Malbork
Die ganze Stadt wird vom Schloß beherrscht – eine gigantische Anlage. Es regnet ohne Unterlaß, und ich bin heilfroh, daß ich Peter gebeten habe, meine rote Wetterjacke mitzubringen. An Gummistiefel hab ich allerdings nicht gedacht. Na ja, im Schloßgelände ist es nicht so wild, wenn man/frau die Sache mit der Führung nicht so ernst nimmt: Erstaunlich, daß die dümmsten und frauenfeindlichsten Anekdötchen immer wieder und international den größten Anklang finden.

Ordensritter

Auch die finsteren Ritter, die da als schwarze Plastiken am Eingang zum inneren Bereich an noch finsterere Zeiten erinnern, finde ich nicht gerade erheiternd. Na schön, Besichtigung von Verlies und Küche und Zinnen und Innenhof. Zum Glück hat es hier auch eine Taverne, in der Kaffee ausgeschenkt wird. Wer bedauerlicherweise abends nicht ausschenkt, ist der Laden auf dem Campinggelände in dem weitläufigen Park, in dem sich unser Quartier befindet. Es ist also an diesem Tag alles dicht, keine Möglichkeit, irgend etwas einzukaufen. Da ich mich aber mit Kollegen just dort verabredet hab' – dem Laden ist eine Art Campingbeisl angeschlossen –, stehe ich nach diesem etwas eigenartigen Nachmittag verloren in der Regenlandschaft herum. Die strenge Dame an der Rezeption unserer Unterbringung erweist sich dann aber doch bereit, mir aus dem Fundus in ihrem Kabäuschen ein Bier zu verkaufen. Ich verziehe mich in mein Zimmer, möchte ohnehin schreiben. Aber zuerst muß ich die vergangenen Stunden noch Revue passieren lassen:

Nach der naßkalten Burg verzichte ich auf die Bootstour und streune lieber in der Gegend herum, bis wir uns zu einer „Mittelalterschau" an den Schloßmauern treffen. Ich bin nicht so gut in Folklore – weder was die historische Faktizität und Authentizität anlangt noch in der Rezeption. Noch schlechter bin ich bei Touristenkitsch. Aber die Ernsthaftigkeit, mit der die Gruppe – Männer, junge Frauen, Kinder – ihre „Schwertkämpfe" und Tänze und Lieder präsentiert, ist rührend, das schon. Ich versuche, mich auf das Schauspiel einzulassen. Wir tafeln an langen Tischen und Bänken und naschen kleine Köstlichkeiten, die in etwa mit den kulinarischen Leckerlis einer österreichischen Heurigenspeisekarte (einer echten!) vergleichbar sind. Trotzdem komme ich mit diesem Ritterkitsch nicht zurande. Ich frage mich, was da aus welchem Grund so und nicht anders dargestellt wird. Die „Kampfszenen" sind hanebüchen, wenn ich auch nicht daran zweifle, daß die Rüstungen tatsächlich schwer sind. Was mich nachdenklich stimmt, ist ein Detail am Rande, als die offizielle Show vorbei ist, die Ritter vom blauen Band über die vom roten Band gesiegt haben (oder auch umgekehrt) und alle jene aus unserer Gruppe, die das unbedingt auch wollen, probeweise zum Brustpanzer und zum Schwert greifen dürfen. Ich wende mich von den großen Kindern des Express ab und beobachte das Hintergrundgeschehen. Da stehen sich zwei Jungs ohne Kopf- und Brustschutz gegenüber und gehen ziemlich zur Sache. Ich vermute, daß sie an diesem Nachmittag zur Reservebankbesetzung des aufgeführten Rittertums gehören und nun, sozusagen in der Verlängerung, auch gerne zeigen wollen, daß sie es können.

Im Gegensatz zu vorhin ist da Hieb um Hieb nicht nur angedeutet, so weit kann ich das ganz gut beurteilen. Und was ich in ihren Gesichtern sehe, stimmt mich auch nachdenklich. Da blitzen nicht bloß Kampfeifer und Selbstdarstellung durch, da glüht momentelang ungeschminkter Haß.

Ich bleibe nicht bis zum Ende.

Mir ist kalt in Malbork.

26. Juni 2000

Kaliningrad
Stadt der Verzweiflung. Gute alte deutsche Stadt Königsberg, von der Herr Adolf meinte, sie wäre ein uneinnehmbares braunes Bollwerk.

Und jetzt kippt man hier haufenweise deutsche PensionistInnen aus Reisebussen, die auf der Suche nach der Vergangenheit sind.

Nach dem großen Bahnhof am Bahnhof – mit Blaskapelle und Feuerwerk und Blumensträußen – ist eine Stadtrundfahrt angesagt. Unsere Dolmetscherin hat einen umwerfend trockenen Humor und erklärt so ganz locker nebenbei, daß man hier einfach fröhlich ist, weil die Leute sonst vor die Hunde gingen. Bei brüllender Hitze absolvieren wir sämtliche Puschkindenkmäler (Blaskapelle, Blumen vom Bahnhof ehrfürchtig niederlegen) und Schillerdenkmäler (Folkloremusik, restliche Blumen vom Bahnhof so ehrfürchtig als noch möglich niederlegen) der Stadt.

Bahnhof Kaliningrad

Dann wird's etwas skurril – das sind die Einheiten, die quasi rot auf unserem Stundenplan angestrichen sind: Feierliche Eröffnung eines Friedensdenkmals – oder Kriegerdenkmals oder beides oder was weiß ich –, jedenfalls holt man zu einer gewaltigen Anstrengung aus, und damit nichts schiefgehen kann, wird schließlich aller Opfer aller Kriege des 20. Jahrhunderts und gezählter 1200 Helden gedacht. Ich denk' mir auch was und kann eh nicht aus.

Was dann folgt, kenne ich nur aus Filmen oder Literatur. Geschlossen werden wir in einer kleinen Parkanlage durch ein humorlos dreinblickendes Spalier von Militärs geschleust, kriegen schon wieder Blumen in die Hand gedrückt, Panzerabwehrkanonen sind aufgebaut, aus den Mündungen hängen schlappe Nelken, wodurch das Bild weder fröhlicher noch beruhigender wird. Die Militärkapelle spielt was Zackiges, und eine der Kolleginnen ist offenbar vom Zauber der Montur so begeistert, daß sie lustig den Hintern zu den schnittigen Tönen schwenkt. Aber ich bin sowieso schon sprachlos.

Nach Überqueren eines kleinen Hügels („Nelken niederlegen", befehlen strenge Blicke) eröffnet sich ein riesiger Platz, ein scheußliches Monument klotzt in der Landschaft, und dann beginnt der Programmteil mit Segnung und Reden und einem Ballett, das so eine Art Krieg und Frieden aufführt, und dann noch mehr Reden, anschließend reißt ein Kaliningrader Jungautor das Mikro an sich und pathetisiert eine endlose Ode vor sich hin. Amanda steht hinter mir und kann sich nicht entscheiden, ob sie lachen oder kreischen soll, entscheidet sich dann aber dafür, mir ins Ohr zu flüstern: „Sei froh, daß du nichts verstehst." Ich nicke und denke mir, das, was ich atmosphärisch und in den paar Brocken Russisch, die ich gerade so mitbekomme, wahrnehme, reicht wirklich.

Dann folgt der Showdown mit Feuerwerksleuchtfeuer, dramatisch in die Luft geworfenen weißen Tauben und mit dem Part, der mich am meisten interessiert: Am rechten Rand des Monuments steht ein Ding, das sich beim besten Willen nicht anders denn als hölzerner Riesenphallus interpretieren läßt. Ich hab' schon irgendwie begriffen, daß das wohl eine Rakete darstellen soll, aber wie soll das Ding zum Einsatz kommen? Und siehe, es begab sich – die Raketenattrappe klappt schließlich in zwei Teile auseinander und gibt ein schüchternes Laubbäumchen frei.

Unser chef du train darf i.V. Literaturexpress in ein vorsorglich ausgehobenes Loch im Rasen den Friedensbaum pflanzen, und dann ist dieser seltsame Spuk vorbei, der – gut gemeint oder reine Propaganda, wie auch immer – etwas zutiefst Martialisch-Bedrohliches hatte.

Wir dürfen uns auf dem „Friedensgelände" noch ein bißchen umsehen, aufmerksam beäugt von den Friedenswächtern in Uniform. Ich muß mich auf der Stelle etwas absentieren, weil in mir ein unkontrollierbarer Lachreiz aufsteigt, ich finde das alles unsagbar unsäglich, was ist das für eine Show? Da fällt mir ein Objekt im Rasen auf, das mich neugierig macht. Bei näherem Hinsehen stellt sich der Granit mitten im Gras als Grabstein heraus, und ich habe mitbekommen, daß der auch irgendwas mit unserer Gruppe und unserem Besuch zu tun hat. Also schaue ich mir die Inschrift genauer an. Meine Kenntnis der kyrillischen Schrift reicht aus, um zu erfassen, daß da „Zur Erinnerung an den Literaturexpress 2000" steht.

Einen Moment lang mache ich mir Sorgen um die Literatur.

Grabstein des Literaturexpress

Das Konzert im Dom von Kaliningrad, das für den Abend vorgesehen ist, schwänze ich gemeinsam mit ein paar KollegInnen. Wir kommen noch gutwillig bis zum Eingang der Kirche mit. Als man uns jedoch ziemlich schroff zum Reingehen auffordert und uns mitteilt, daß hinter uns abgeschlossen würde, verlieren etliche von uns die Lust auf klassische Musik.

Unsere Übersetzerin ist mit von der Partie, als wir auf der Suche nach einem Lokal durch die Stadt ziehen. Geduldig beantwortet sie unsere Fragen und meint mit galliger Ironie, daß TouristInnen immer über irgend etwas hier entsetzt seien – über die Architektur, den Zustand der Straßen, den Service in der Gastronomie. Wir bestaunen eine Betonruine in der Nähe des Hafens, die wie ein hohler Zahn in der Gegend vor sich hinrottet. Na ja, meint unsere Begleiterin, ein Souvenir aus den Tagen des realen Sozialismus, eine Partei- und Versicherungszentrale, für die jetzt kein Geld mehr da ist. Sanieren wäre zu teuer, und sprengen läßt sich das Ding nicht so einfach.

Auf der Ausfallstraße zum Hotel krampfhaft nach rechts aus dem Fenster schauen, bitte die tote Katze am linken Fahrbahnrand nicht noch einmal sehen müssen. Tot, zusammengerollt wie im Schlaf. Schrecklich allein. Weggeworfen wie ein Stück Dreck.

Das Hotel „Baltika" ist eine Grauenhaftigkeit, schätzungsweise aus den 70ern, vierzehn Stockwerke hoch, und liegt eine gute halbe Autostunde vom Stadtkern entfernt. Eine plüschige, schäbige Bar im Erdgeschoß, die Zimmer hell, geräumig, aber trostlos.

Die jungen Kellnerinnen im Speisesaal sind gereizt, unfreundlich und sprechen eher Deutsch als Englisch. Der einschlägige Vergangenheitstourismus wird bedient.

Wir sind seit Polen in der Bernsteinlandschaft, und

gerührt nehme ich in meinem Zimmer das Gastgeschenk in Form einer Bernsteinkette zur Kenntnis. Eine Farbe wie bleiches Elfenbein.

In der Nacht träume ich wüst, wache zu spät auf, weil ich den Wecker nicht auf Ortszeit gestellt habe.

Ich bin eingeteilt zu einem Besuch bei einer Kaliningrader Gastfamilie.

Das sind Programmpunkte, die ich nicht nur nicht mag.

Ich hasse das.

Bevor wir die jeweiligen Familien treffen, ist ein Besuch des Kaliningrader Bernsteinmuseums angesagt. In einem Teil der alten Stadtmauer untergebracht, schön restauriert, ist es so ungefähr das einzige verbliebene Gebäude der alten Stadtstruktur. Der Rest zerstört, zerbombt und häßlich neu. Erst 1990 wurde Kaliningrad geöffnet und wieder zugänglich gemacht.

Es ist Sonntag. Vor dem Museum stauen sich die Massen, und während alle auf die Öffnung warten, gibt es schon wieder eine Art Ritterspiel, diesmal mit leicht gewandeten Tänzerinnen und einer Sorte Mystera-Rock verbrämt. Ich stehe in der rempelnden Masse eingekeilt, es ist grau und windig, ich fühle mich zerschlagen und lustlos.

Um mich wenigstens ein bißchen zu motivieren, erinnere ich mich an meine elsternhafte Vorliebe für Schmuck und lasse mich also von einem schubsenden Pulk ins Museum schwemmen. Es ist stickig, eng und überfüllt, kaum die Möglichkeit, die Exponate in den Vitrinen und an den Verkaufstischen zu betrachten. Nach einem flüchtigen Rundgang habe ich das Gefühl, gleich umzukippen, weil die Luft immer schlechter wird. Aber bevor ich ins Freie entkommen kann, erwischt mich ein Kollege am Schlafittchen und nötigt mir auf, ihm bei der Schmuckauswahl für seine Frau behilflich zu sein.

Mühsam versuche ich ihm zu entlocken, wie in etwa der Geschmack seiner Gattin wäre. Er hat keine Ahnung. Also empfehle ich auf Verdacht hin, was mir schön erscheint. Das veranlaßt ihn dazu, nach stilistisch gegenteiligen Stücken zu greifen. Insgesamt ist er unzufrieden mit mir, weil ich mich auch nicht dazu imstande sehe, die angegebenen Preise auf Knopfdruck in seine Landeswährung umzurechnen.

Endlich entwischt, werde ich gemeinsam mit einer Kollegin aus Deutschland von unserer Gastfamilie in Empfang genommen. Um die Konversation zu ermöglichen, ist uns eine blutjunge Übersetzerin zur Seite gegeben. Sie stammt ursprünglich aus Kasachstan, hat aber mit ihrer Familie eine Zeitlang in Deutschland gelebt und spricht hervorragendes Deutsch. Unser Gastgeberpaar packt uns alle ins Auto, und dann geht es in einem Tempo, das mir bei all den Schlaglöchern in der Straße nicht ganz geheuer ist, quer durch Kaliningrad. Wie immer, wenn ich das Gefühl habe, einer Situation schon rein räumlich nicht nach meinem Gutdünken entkommen zu können, fühle ich mich beengt.

Auf die Frage, wie uns denn die schöne Stadt gefalle, geben wir höfliche Geräusche von uns.

Die Leute sind unglaublich nett und bemüht, was mir das Gefühl der Peinlichkeit noch verstärkt – daß unser Besuch aufgesetzt ist, kann nicht verschleiert werden.

Die Wohnung ist nicht besonders groß, gemütlich und liebevoll eingerichtet. Während das Essen zum Aufwärmen auf den Herd kommt, erfahren wir, daß wir bei einer Musikerfamilie zu Gast sind. Papa tourt häufig mit einem Balalaika-Ensemble durch Westeuropa, Mama leitet eine ortsansässige Musikschule, und die Tochter, die vor kurzem in Deutschland geheiratet hat, ist ebenfalls Musikerin.

Die musikalische Kostprobe von der CD läßt mich

vermuten, daß das westeuropäische Publikum, vor dem Papa auftritt, zu der Sorte gehört, deren politische Gesinnung ich nicht genauer kennenlernen möchte, die angesichts von schuhplattelnden Schwarzen oder in bunte Trachten gewandete Menschen aus dem Osten begeistert „originell“ grölt, darauf wartet, daß Ivan Rebroff zur Tür reinkommt und sich weltoffen wähnt. Fotos – Unmengen von Fotos – (Papa beim Skifahren in Österreich, bei einem bunten Abend in Deutschland, die Familie bei der Hochzeit der Tochter usw.) erhärten meinen Verdacht.

Bevor wir schließlich an der Reihe wären, über unsere familiären Verhältnisse (Männer, Kinder, wie viele – auf letztere bezogen) rapportieren sollen, sind zum Glück die Krautrouladen fertig.

Die sind köstlich – und dazu gibt es Schmand, der auch so genannt wird.

Es gibt hier ein Bier, das „Ostmark“ heißt. Meine vorsichtige Frage wird nicht verstanden, was aber nichts mit der Sprache zu tun hat. Die Brauerei stammt aus dem 18. Jahrhundert, mehr hängt da nicht dran, „eto bco“, wird mir beschieden.

Mit sanfter Gewalt werden uns dann noch Marmeladepalatschinken aufgedrängt, und ich wünsche mir nur mehr, daß ich wieder ins Hotel darf.

Es ist einfach schrecklich, weil die Gastfreundschaft ehrlich ist, aber ich empfinde es trotzdem als Zumutung, einerseits als Literaturexpressautorin vorgeführt zu werden, andererseits diesen Menschen so ein Touri-Programm abzunötigen. Und unsere „Mission“, die mir selber immer unklarer wird, ist irgendwie ziemlich fragwürdig. Sie hängt und hinkt vorne und hinten – es ist einfach eine Schimäre, sich und anderen vorgaukeln zu wollen, man hätte mit einem organisierten Mittagessen und ein paar Stunden bemühter Konversation gegenseitiges Kennenlernen geschafft.

Aber es ist noch nicht vorbei. Vollgefuttert und müde geht es wieder ins Auto, erneut quer durch Kaliningrad und an den Stadtrand, der sehr grün ist. Hier reiht sich Datscha an Datscha – und es gelingt mir, ein wenig aufzuatmen. In dem liebevoll gepflegten Garten gibt es alle nur erdenklichen Sorten von Obst und Gemüse. Obwohl Marina und Wladimir bestimmt zur gehobenen Mittelschicht von Kaliningrad zählen und im Vergleich wahrscheinlich „gut" verdienen, machen sie keinen Hehl daraus, daß der Garten keineswegs Zierde und Hobby, sondern ganz wesentlich lebenserhaltend ist. Hier werden im Sommer Feste mit Freunden und Verwandten gefeiert, hier beziehen sie einen Großteil ihrer Lebensmittel, und was sie nicht selber verwerten können, liefern sie in einem Kinderheim ab.

Wir sind nun mitten im Nachmittag, haben uns auch noch durch Erdbeeren, Himbeeren, Stachelbeeren und möglicherweise auch Braunbeeren gekostet, der Besuch neigt sich dem Ende zu.

Ich erkläre, daß ich noch zu arbeiten hätte, denn einen weiteren Programmpunkt schaffe ich heute einfach nicht mehr. Und allein die Vorstellung, jetzt für mindestens eine Stunde in einen Bus zu müssen, an der Ostsee ein wie auch immer geartetes Programm aussitzen zu müssen, bis die ganze Gruppe wieder hotelwärts zockelt, ist mir unerträglich. Ich kann heute auch nicht mehr „otschen krassiwij" und „otschen karascho" sagen und muß mir das höfliche Dauergrinsen aus dem Gesicht wischen.

Ein Telefonat nach Hause noch, ein bißchen ans Laptop, und als ich danach mit einem Buch in der Hand auf dem Bett lümmle und überlege, ob ich mir noch ein Bier aus der Bar holen möchte, schlafe ich auch schon ein.

Schlafen, einfach schlafen.

27. Juni 2000

im Zug der baltischen Eisenbahnen
Grüne, weite Landschaft da draußen vor den Fenstern der baltischen Eisenbahn. Unser Zug setzt sich diesmal aus Waggons der drei baltischen Republiken zusammen, der Salonwagen muß normalerweise einem der Regierungschefs vorbehalten sein – ein Wohnzimmer auf Schienen, im Waschraum gibt's sogar eine Dusche, und mit Vergnügen stelle ich fest, daß die Schlafkabinchen ein wenig wie Minipuffs ausschauen.

An unserem letzten Abend in Kaliningrad sind wir im Hafen zu einem Drink auf ein Schiff geladen. Daß es sich um den Kriegshafen handelt, habe ich sowieso befürchtet. Es tröstet mich überhaupt nicht, daß Peter P. selig vor dem Betreten des Decks diverse gekrängte U-Boote bewundert – er hat ein Faible für Submarines, das ich so überhaupt nicht teile. Außerdem bin ich zu-

Bar in der baltischen Eisenbahn

Luxus: Dusche in der baltischen Eisenbahn

tiefst frustriert. Vom Postamt aus habe ich zu Hause angerufen – was schon eine schwierige Aktion war, denn erst mußte ich Geld wechseln, weil ich nicht in Dollars zahlen konnte, das Handy war nicht imstande, eine Verbindung herzustellen, nach ewiger Warterei konnte ich endlich eine Telefonzelle ergattern, beim ersten Versuch klappte die Verbindung nicht, also wieder raus zu der Dame am Tresen der Zentrale, wieder rein in die Zelle – endlich Peter am Draht – und, ja, das mit dem Visum würde voraussichtlich klappen, auch der Paß wäre nicht das Problem – aber es gibt keine Flüge mehr nach Petersburg. Das mit den Weißen Nächten muß wohl ein Gag sein, der sich auch zu anderen herumgesprochen hat ... Geknickt schleiche ich zu unserem Kriegsmarinedrink, und es ist mir ziemlich egal, ob Submarines gelb sind (was ich immer schon für ein Gerücht gehalten habe) oder schlammtarnfarben (was eher der Realität entspricht).

Nach der Rückkehr ins Hotel versammeln sich noch ein paar Unverwüstliche in der Hotelbar. Ich umschiffe mit großem Diplomatieaufwand diverse wodkagetränkte Flirtmanöver und mache mir meine Gedanken über das wasserstoffblondgefärbte Wesen am Nebentisch; sie ist zweifellos sehr jung, sehr verlebt und hat einen Scheißjob.

Ich trinke mein Glas aus und verschwinde Richtung Aufzug, ich will auf mein Zimmer.

Nachdenklich starre ich ein Schild über der Lifttür an, auf dem neben der kyrillischen Aufschrift FAHRSCHTÜLE zu lesen ist. Als ich zu rätseln beginne, was daran mich wohl irritiert, weiß ich, daß ich schon lange von zu Hause weg bin.

Immer noch im Zug, zirka sechs Stunden später & eine Zeitreise eine Stunde zurück, es ist jetzt hier kurz vor Vilnius genau so spät wie zu Hause.

Draußen: Birken, Kiefern, grün und grün und grün, angepflockte Kühe, ab und zu Ziegen und Schafe.

Ich sammle meine kleinen Mosaiksteine.

28. Juni 2000

Vilnius

In Litauen wird nicht in kyrillischen Buchstaben geschrieben. Telefonieren ist schwierig in einem Land ohne digitales System, mein Handy erzählt mir Schwachheiten von angeblich nicht existenten Telefonnummern (das weiß ich besser), und der Apparat auf meinem Zimmer will auch nicht mit mir kooperieren. Nach eindringlichen Recherchen an der Rezeption überliste ich das System aber doch. In der Hotelbar gibt es endlich wieder Musik; es regnet, es ist kalt und unfreundlich. Ich bin ziemlich weit weg von zu Hause.

Auf dem Bahnhof gibt es diesmal einen wirklich originellen Event. Ein lokal ziemlich berühmtes Jazz-Quartett hat auf einer Bühne in der Halle Aufstellung genommen. Wort & Musik werden zu einer gelungenen Inszenierung verquickt, die eingebundenen Textpassagen aus den vier Ecken (Himmelsrichtungen) des Raumes präsentiert. Obwohl ich überhaupt keine dezidierte Free-Jazz-Anhängerin bin, fasziniert mich die Aufführung; das lebt und pulst ungemein.

30. Juni 2000

auf der Reise von Riga nach Tallinn

Riga. Regen. Kulturprogramm geschwänzt, exzellenten

Fisch gegessen und im Hotel vergraben. Ein Schwätzchen mit einem sehr nassen und sehr schlechtgelaunten Rabenvogel auf meinem Balkon.

Vilnius war gut, ein hübscher Empfang mit toller Jazz-Life-Band, am nächsten Tag ein Besuch im Wasserschloß von Trakai, und im AutorInnenesperanto, an dem wir immer wieder eifrig arbeiten, entsteht ein neues Wort: nämlich INK (eine englisch-lettisch-isländisch-österreichische Koproduktion), INK steht für PROST und kommt vom englischen DRINK, dem wir zwei Buchstaben kastrieren und als poetentauglichen Toast klassifizieren.

Die Lesung in der germanistischen Abteilung der Bibliothek von Vilnius ist eine angenehme Inszenierung, der österreichische Botschafter ist auch am nächsten Tag noch ein Trottel, der seine Begrüßung mit den Worten eröffnet, daß er drei Jahre zuvor eigentlich nicht an dieses Projekt geglaubt hätte, dafür aber jetzt österreichischen Wein stiften würde und außerdem gleich gehen muß.

Er hat sich schon am Bahnhof bei mir unbeliebt gemacht, weil er – O-Ton – mal sehen wollte, wie die österreichische Delegation so ausschaut. Jetzt weiß er's.

Die Übersetzerin erzählt uns eine Geschichte, bei der meine Schamröte wahrscheinlich bis nach Wien geleuchtet hat: Ein österreichischer Zivildiener kam vor Jahren nach Vilnius, um seinen Dienst hier abzuleisten. Und da er offenbar nicht so recht einordnen konnte, wo diese Stadt liegt und ob man hier schon mit der Erfindung des Rades vertraut ist, brachte er sein eigenes Klopapier in größeren Mengen mit. Der Idiot hat das auch noch laut erzählt.

Beim Frühstück beobachte ich im Rasen vor dem Panoramafenster des Frühstücksraums einen schwarzweißen Kater, der ziemlich ungeschickt und ziemlich erfolglos

Frühstück

auf Vogelpirsch ist. Natürlich kann ich nicht widerstehen, und außerdem ist es Wochen her, daß ich meine Katze gestreichelt habe. Also klaue ich ein bißchen Wurst vom Buffet und serviere dem glücklosen Jäger eine Morgenmahlzeit. Nach ein paar vorsichtig-mißtrauischen Momenten läßt er sich's schmecken.

Meinen grundsätzlichen Impuls, sofort alle armen Viecher (im besonderen Katzen) adoptieren zu wollen, kann ich aber getrost vergessen, als ich kurze Zeit später mitbekomme, wie der Kater fröhlich und mit aufgestelltem Schwanz eine Frau vom Reinigungspersonal bis zur Bushaltestelle vor dem Hotel begleitet. Dort verabschieden sich die beiden, und der Kater hopst über den Rasen zurück. Die Vögel interessieren ihn im Moment nicht, was aber bei den Vögeln auf Gegenseitigkeit beruhen dürfte.

Und wieder mal eine Grenze: Lettland/Estland. Uniformen. Wenn ich jetzt aus irgendeinem Grund nicht einreisen darf, dann fahre ich heim.

1. Juli 2000

Tallinn
BBC-News im Fernsehen.
Wir machen uns schöne und schöngeistige Gedanken über Europa (remember Brüssel!). Vielleicht lesen wir es schön.

Wir fahren im Zug durch Europa. Politiker tun so, als würde die Literatur gesellschaftspolitische Zustände verändern. Sollen. Können. Wortreiche Absichtserklärungen. Plötzlich – für die Dauer von zwei Sekt-Orange – hat unsere Arbeit einen Stellenwert, der uns im Alltag seltener begegnet.

Zur selben Zeit sinken Fährschiffe in Indonesien, Flüchtlinge ertrinken, toben Kriege in Afrika, in Grozny dürfen Männer polygam leben, weil so viele Tschetschenen im Kampf gegen Russland gefallen sind. Die jüngeren Zweitfrauen (natürlich sind sie jünger) müssen die Hausarbeit übernehmen, die älteren Ehefrauen werden weder gefragt noch informiert, alle leben zusammen in Zeltlagern; in Kopenhagen werden beim Pearl Jam Konzert acht Menschen zu Tode getrampelt, in England werden alle Pitbulls eingeschläfert, manche liebevolle Hundehalter wollen sich aber nicht bis zum staatlich verordneten Ende um ihre potentiell rabiaten Gefährten kümmern und setzen die Tiere vor der nächsten Polizeistation aus. Herztraurige Bilder aus den Tierheimen, wo die Köter, die nichts anderes lernen durften, als unwiderruflich zuzubeißen, auf den Tod warten. So ist die Welt.

In amerikanisch-englischer Kooperation hat man den ersten Schritt zum Knacken des genetischen Codes der Menschheit geschafft. Clinton tönt in einer Videowall-Konferenz, daß man nun beginnen würde, die Schrift zu entziffern, in der Gott den Menschen geschrieben hat und sagt etwas Rührendes zu Blair und dessen jüngster Vaterschaft und auch darüber, daß das Leben nun für alle Menschen besser wird, nicht nur für ein paar Privilegierte. Ich denke aber, daß sich Blair jr.jr.jr. keine allzu großen Sorgen über seine medizinische Versorgung machen muß, selbst dann nicht, wenn Clintons mediengerechter Sager vielleicht doch eine Idee an der Realität vorbeigeht. Gegen den wird – so nebenbei – eine Verfügung für ein Berufsverbot als Anwalt angestrebt, weil er schlicht und ergreifend gelogen hat (von anderen Ausrutschern ganz zu schweigen). Anwalt darf er also eventuell nicht mehr sein. Vorläufig aber immer noch Präsident der USA.

Nachrichten eines Tages.

Nach den ganzen großen Städten, die bisher unsere Anlaufstellen waren, stellen die baltischen Staaten eine angenehme Abwechslung dar. Die Hauptstädte überschaubar, architektonisch überwiegend interessant, ein Aufatmen ist möglich.

Der Empfang beim Präsidenten in Vilnius fällt mir wieder ein. Neben dem Literaturexpress war auch eine Gruppe von NachwuchsautorInnen zu einer Ehrung geladen. Die Kids waren PreisträgerInnen eines Literaturwettbewerbs. Stolz standen sie da in einer Reihe, lauter ganz Junge, im Alter zwischen zehn und sechzehn. Hoffentlich wißt ihr, worauf ihr euch da einlassen wollt, dachte ich einen Moment lang. Und mußte dann grinsen über mich – und schelten mußte ich mich auch, weil ich sofort – kraft Vorurteil – einzuschätzen versuchte, wer es wohl schaffen würde. Bei den Mädels war ich mir nicht sicher, alle eher schüchtern und adrett in bonbonfarbenen Kleidchen. Aber einer von den Jungs, zwischen fünfzehn und sechzehn, schicke Brille, Stoppelglatze, lässig-elegantes Outfit und dem Auftreten nach nicht gerade mit Bescheidenheit geschlagen ...

Aufhören, dachte ich streng, weil ich eh mit meinem Fettnäpfchen von vorhin noch beschäftigt war. Ich hatte einige Kollegen – meiner Meinung nach unauffällig – indigniert gemustert, weil ich fand, daß ihr Aufzug dem Anlaß nicht gerade entsprach. Meinem Blick folgend lächelte mich Amanda nachsichtig an und schlug vor: „Vielleicht haben sie nichts anderes."

Ich wäre am liebsten in den Boden versunken, so sehr hab' ich mich geschämt.

2. Juli 2000

auf der Strecke Tallinn – St. Petersburg

schienen wie
wimpern
lidschlag
von bahnhöfen
aussicht auf
raben
regen
riga – vielleicht?
zeit gespult
über spurbreiten

traveldiary

Week 4

1): Good morning, how are you today? How do you feel – now that you've done nearly four weeks?
2): As I had a day off yesterday, I'm not bad.
1): Do you still like the journey?
2): I suppose I have to.
1): Could you describe your feelings in some few words?
2): Steaming on. Straight ahead.
(starts singing): „If you miss the train I'm on, you'll know that I have gone ..."
1): Well, what do you expect for the rest of this trip?
2): The next railway-stations.
1): Oh, I see.
2) (continues singing): „... you can hear the whistle blow a hundred miles ..."
1): Ähem – so what is your impression of the group?"

2): (singing): „... 500 miles, 500 miles ..." I beg your pardon? Oh – could be worse.
1): Pardon?
2): Well, to be honest, they remind me on a journey I did some years ago. Pretty well to compare.
1): Could you explain that?
2): I was working together with a circus-company. Six weeks on tour, crossing whole Europe. Lots of stops in various capitals. Many shows. There was a director, a crew and an impressive number of beasts. As they did not know each other too well and sometimes were a bit confused about their different ways of behaviour, it was very important to calm them down all the time. Which meant: feed them well and serve them a lot to drink. So it actually worked quite fine.
1): Sorry – but in THIS case we are talking about writers.
2): Where is the difference?
1): Äääâh – may I take a picture of you?
2): If you don't want me to grin and dance – yes.
1): Would you mind if I came with you for the next few days?
2): I would. Though we tried to get rid of some persons by leaving the stations exactly in time, it did not work. And those people seem to get heavier day by day. So there is a lot to carry for me.
1): Oh sorry – I did not want to bother you.
2): (singing): „Blue train, purple rain – uhuhuuuuu ..."
1): Do you think that there was written some excellent piece of literature on this journey already? An outstanding poem or a great short-story?
2): No idea. I am just interested in time-tables.
1): Well ... would you do this trip again?
2): Next time I'm obliged to, I'll rather try musicians.
1): Why?
2): There might be more singing.
1): Is there any final statement you would like to make?

2): (singing): „I'm a train on the track, I'm a train on the line, I'm a tucker train – yeah!"
1): Thank you very much and let me tell you ...
2): (interrupts unpolitely, singing): „Stop that train, I wonna move on, ma baby she's leaving me now ..."

3. Juli 2000

St. Petersburg / Petrograd / Leningrad
Regen in der zweitgrößten russischen Stadt, grau am Newsky-Prospekt, die Inseln der Newa ertrinken im Nebel.

Platz der Künste um halb zehn Uhr morgens. Bustour im Regen durch dieses schöne Monster. Puschkin und Katharina die Große und Peter der Große und das deutliche Gefühl, daß hier eine Art Biedermeier passiert. Katharina die Erste baut ihrem Ehemann heimlich ein Palästchen, das sie ihm en passant bei einem Ausritt präsentiert – und bautz! Ist der erstaunt! Je nach politischer Lage kursieren die entsprechenden Märchen.

Erstaunlich viele, auffällig viele Apotheken passieren wir auf unserem Kurs durch die Stadt. Vielleicht ließe sich eine Reise auch mal nach dem Gesichtspunkt „Apotheken" organisieren? Oder aber eine Reise, die nur von Hotelzimmer zu Hotelzimmer führt, die Landschaft, die Topographie von Städten und Umland völlig ausspart?

4. Juli 2000

Noch immer Leningrad – für mich ist es immer noch Leningrad, weiß der Teufel.
Seltsam dünnwandig heute, das Spüren.

Manchmal muß man das Grobe aus den Geschichten nehmen, um die Schönheit eines Lidschlags zu erahnen.

5. Juli 2000

im Zug nach Moskau
Spät zu Bett diesen Morgen. Mit KollegInnen unterwegs gewesen. Keine Fotos von der Prachtstraße. Keine Lust. All dieser Prunk und daneben so viel Elend. Ganze Hausfassaden – und die sind wirklich nicht klein – sind mit Plakatwänden zugebaut. Als besonders geschmacklos empfinde ich eine Werbung für Goldschmuck eines renommierten Schmuckdesigners: Eine überdimensionale Gabel fischt anstelle von Spaghetti Goldketten aus einem Teller. Auf der Straße darunter wird weniger werbewirksam gehungert. Die Kamerafrau kauft einer alten Frau ein Sträußchen Wiesenblumen ab und gibt ihr 100 Rubel – ein Kaffee und ein Wasser in der Hotelbar kostet zirka 140 Rubel. Die alte Frau beginnt zu weinen, sie kann es nicht fassen, was ihr da zuteil wird. Wir eilen weiter, halten es unsererseits nicht aus. Bettler auf der Straße. Kranke. Aufgequollene, entzündete Beine. Die Lebenserwartung russischer Männer liegt im Moment unter 60 Jahren. Sie saufen sich zu Tode. Menschen stehen mit Getränken, Hot Dogs, Chipstüten VOR den Restaurants, sitzen auf Bordsteinen und Mauersimsen. Ich nehme an, sie haben zu Hause zu wenig Platz zum Reden. Viele haben Blumen in den Händen. Ist das eine Art von Sozialfürsorge – man kauft denen, die noch weniger haben, die noch ärmer sind, eine schäbige, kleine Blume ab, damit sie nicht das Gefühl haben, ein Almosen zu empfangen?

Man verkauft hier winzige Katzen, kaum handtellergroß, junge Ratten.

Für ein paar Rubel kann man/frau auf einem müden Pferd reiten. Seltsam. Ein Pferd in einer Unterführung mitten in der Stadt zu treffen. Das Klapp-Klapp der Hufe klingt erschöpft.

Vor der „Golden-Girls"-Bar steht ein Pantomime mit riesigem silbernem Zylinder und dramatisch-diabolischem Spitzbart. Wie die Hexe in „Hänsel und Gretel" versucht er, Männer anzulocken. Als ich mit Margarete vorbeikomme, erstarrt er zur Salzsäule. Weiber haben sie da drin genug.

Das Hotel „Oktjabskaja" ist eine kafkaeske Gruselinszenierung. Da muß/frau man einfach gewohnt haben.

Beim Einchecken habe ich ziemlich viel Zeit, mir die riesige Empfangshalle samt auffällig unauffälligen Herren in dunklen Anzügen anzuschauen. Der Paß ist abzugeben. Auf den einzelnen Stockwerken, die endlos und verwinkelt sind, sitzen wie vor Jahrzehnten die Deschurnajas und halten Wache. Ihre Tresen sind rund um die Uhr besetzt. Wenn sie sich nachts eine Pause gönnen, schlafen sie auf Klappbetten neben ihrem Arbeitsplatz. Die Frauen wirken, als würden sie viel zu wenig Tageslicht und frische Luft bekommen. Mürrisch und übermüdet spähen sie mit Argusaugen, ob wir auch nicht versuchen, mit einem der schäbigen Hotelhandtücher durchzugehen. Ich halte mich nicht für besonders ängstlich, aber nächtliche Gänge durch dieses monströse Labyrinth sind mir unangenehm – das scheine nicht nur ich so zu empfinden. Als ich nach der Ankunft endlich meinen Schlüssel habe und mich mit meinem Gepäck auf die endlose Suche nach meinem Zimmer mache, treffe ich einen Kollegen, der mit schreckgeweiteten Augen an mir vorbeieilt und „Das Schloß" murmelt, der nächste, den ich ein paar Zimmertüren und meiner Einschätzung nach runde 100 Kilometer weiter treffe, übernimmt punktgenau und sagt nur lapidar: „Kafka".

Als ich es schon nicht mehr glaube, daß meine Zimmernummer auf dem Korridor überhaupt existiert, bin ich endlich da. Ich will gar nicht wissen, ob es Kakerlaken gibt, das Badezimmer betrete ich nur, wenn es nicht anders geht, stelle den Rekord im Schnellduschen auf, wundere mich über den Fernseher, der ganz offensichtlich sein eigenes Stromkabel verschluckt, ich traue mich eh nicht, ihn einzuschalten, und auch meine Versuche, das Fenster zu öffnen oder wenigstens das Oberlicht aufzukriegen, lasse ich schließlich bleiben.

Auf jedem Stockwerk ist eine Bar eingerichtet – ich schaue mir die Sache bloß einmal an, bin der hier herrschenden Tristesse aber nicht gewachsen und bevorzuge die Bar im Erdgeschoß, wenn ich etwas trinken möchte – dort ist die Chance, KollegInnen zu treffen, zu fast jeder Tages- und Nachtzeit gegeben.

Sehr weiß wirken die Nächte nicht, dazu ist das Wetter zu schlecht – und angesichts der eher trüben Bedingungen bin ich ganz froh, daß Peter nicht hierher, sondern nach Moskau kommt – wenn es klappt ...

Der Besuch in einer orthodoxen Kirche hinterläßt ein seltsames Gefühl. Vorwiegend Frauen kommen hierher, um ihre Heiligen Kerzen anzuzünden. Müde und deprimiert schauen sie aus, und ich wünsche mir, daß die Heiligen etwas für sie tun können. Ein wahrhaft „frommer Wunsch", an dessen Erfüllung ich zweifle, sobald ich wieder auf der Straße bin ...

Eine Kollegin erzählt mir, daß es in der Straße, die parallel zum Newsky-Prospekt verläuft, noch schlimmer ist mit dem Elend. Hier sind die Menschen dazu übergegangen, gebrauchte Plastiktaschen und kaum noch tragbare Schuhe zum Verkauf anzubieten.

5. Juli 2000

Moskau
Nun bin ich also tatsächlich in Moskau, sitze in einem Bus, für den Katalysator bestimmt ein Fremdwort ist – und bin ganz aufgeregt.

Hat das jetzt mit Peters Flug wirklich geklappt, ich habe keine Ahnung, wann er ankommen soll, und hat er auch bestimmt die Hoteladresse, und überhaupt, und bevor ich mir noch weiteres an „vielleicht" und „aber eventuell" überlegen kann, stehe ich auch schon vor dem „Rossia", das tatsächlich beeindruckend und vor allem beeindruckend häßlich ist. Aber das ist egal, denn durch unseren Pulk drängeln zum einen junge Frauen in Tracht und teilen Blumen aus – und dann drehe ich mich um in einen goldenen Moskau-Nachmittag, und über die Erinnerung an die alten Schwarzweiß-Fotos aus meinem Russisch-Lehrbuch schiebt sich mächtig und glänzend das Original: der Kreml, der Rote Platz live und in Greifweite. Völlig versunken suche ich mit meiner Kamera einen Ausschnitt, um wenigstens einen Teil der Magie des Moments festzuhalten, als ich von mehreren Seiten gleichzeitig an der Jacke gezupft werde. He Sylvia, Peter ist da! Was – wie? Ja doch, ja! Macht doch keine Scherze ... Aber nein, er sitzt in der Halle.

Tut mir leid, aber jetzt muß der Kreml warten.

Die nächsten drei Tage sind ein einziger Wirbelwind aus Wundervollem.

Peter und ich sind sozusagen von allen Programmpunkten dispensiert, wir machen mit, wo wir wollen, ansonsten laufen wir fasziniert unsere Runden über den Roten Platz, erkunden den Kreml, können stundenlang – bei Tag und bei Nacht die vor dem Kreml neu geschaffene Wasserwelt samt steinernen Märchenfiguren betrachten – Moskau wirkt hier wie eine (andere) westliche Metropole, so als wäre es nie anders gewesen. Bei dem Springbrunnen mit den steinernen Rössern tummeln sich Horden von TouristInnen – es könnte genauso gut die Fontana di Trevi sein. Nachts leuchten die roten Sterne auf den goldenen Kuppeln – wir wollen es nicht glauben, daß sie – angeblich – aus purem Rubin sind.

Wir bestaunen das legendäre GUM und fragen uns, wer es sich wohl leisten kann, in diesem Konsumtempel der Luxusklasse einzukaufen – ein kleiner Kaffee wird hier um den lächerlichen Betrag von umgerechnet zirka 150 Schilling feilgeboten, jede Trendmarke – egal ob Bekleidung, Kosmetik, Lederwaren etc. – protzt hier mit einem Laden, der noch überteuerter ist als in den Filialen von Paris oder Rom.

Immer wieder reizt ein besonderer Blickwinkel zum Fotografieren. Bei meiner Motivsuche kann ich natürlich

GUM

Taube statt Krähe, Kreml

eine echte russische Krähe nicht auslassen. Ich habe mich auf ein besonders großes, schönes Exemplar fixiert, das sich gelassen stelzend in den Parkanlagen um den Kreml herumtreibt. Aber jedes Mal wenn ich die Kamera eingerichtet habe und gerade abdrücken will, hüpft der Schwarzfrack aus dem Bild. Er neckt mich durch die halbe Parkanlage, bis er mit einem spöttischen Krächzen die Flügel ausbreitet und wegfliegt. Ich könnte schwören, er hat „Touristenpack" gesagt. Ich bescheide mich mit einer Taube, die geduldig und still auf einem Schild ausharrt, bis ich mit meinem Foto fertig bin.

Den 7. Juli 2000 beginnen wir in der Schar der KollegInnen auf der Moskwa. Die Schiffstour zeigt uns die Stadt aus der Flußperspektive, auf drei Boote verteilt spuren wir dahin, es ist sonnig und klar, aber der Wind auf dem Wasser zwingt uns die Jacken auf. Wir sprechen noch einmal unsere Einladung für den Abend aus

– im 21. Stockwerk haben wir nach intensiven Verhandlungen mit dem Hotelpersonal einen Raum plus Getränke reserviert, Rundumblick aufs abendliche Moskau inklusive.

Für die meisten KollegInnen wird es ein ganz schön harter Tag, denn neben ihren Pflichten sind sie in Gruppen zu den jeweiligen VertreterInnen ihrer Länder geladen, danach steht ein allgemeiner Empfang des Vizebürgermeisters im 20. Stock des Rossia an – und danach soll unser Hochzeitsfest steigen. Wir zweifeln ein bißchen, ob überhaupt noch jemand Kraft & Lust hat zu kommen, als wir uns relativ spät zum Umkleiden zurückziehen.

Als wir dann im „Festornat" die Treppe zur obersten Etage hochkommen, sind wir nicht nur überrascht, sondern auch gerührt – alle, die im Haus sind, haben sich zu einem applaudierenden Spalier versammelt, Umarmungen, Glückwünsche, ein kurzer und launiger offizieller Teil, bei dem Thomas quasi die Funktion des „Kapitäns" übernimmt und meint, was der Literaturexpress getraut hat, soll der Mensch nicht trennen, dann ist noch der Herr Vizebürgermeister dran, ich habe plötzlich einen riesigen Blumenstrauß und einen bunten Samowar in den Händen, wie soll ich jetzt bloß noch anstoßen, die Wodkagläser und die Toasts in den zahlreichen Landessprachen machen die Runde. Wer hat schon TrauzeugInnen aus ganz Europa, einen ganzen Literaturexpress!

Nach einem ziemlich ausgelassenen Abend stellen wir fest, daß wir nun tatsächlich verheiratet sind. Hätte ich in Lissabon nicht vermutet ...

Am nächsten Nachmittag wollen wir uns die ungeschminkte Seite unserer Hochzeitsstadt ansehen. Wir überqueren den Fluß – und stehen in der wesentlich bescheideneren Alltagsrealität. Neben der U-Bahn-Sta-

Roter Platz

tion ein kleiner Markt, Buden, Straßenverkäufer, Menschen, die nicht so wirken, als würden sie großen persönlichen Nutzen aus der aufgemotzten Tourismuskultur nur ein paar hundert Meter weiter ziehen.

Wir finden einen Biergarten und mischen uns unter Menschen, die nach Arbeitsschluß ihre Einkäufe erledigt haben, den Sommerabend genießen, Bekannte grüßen.

Weitaus unspektakulärer geht es hier zu als rund um den Roten Platz, wo das Reinigungspersonal peinlich darauf achtet, daß kein Papierfuzzelchen, keine Zigarettenkippe die Optik beeinträchtigen kann, wo die Security diskret verhindert, daß einheimische Jugendliche sich zu größeren Gruppen bilden, die TouristInnen sollen merken, daß ihre teuren Fotoausrüstungen keiner Gefahr ausgesetzt sind, und in den Gastgärten der Fastfood-Ketten stehen die sattsam bekannten großen Plastikbecher mit Cola auf den Tischen.

Hier, auf der anderen Seite, ist es schmuddelig, die Straßen könnten einen neuen Belag vertragen, die Häuser eine Fassadenauffrischung.

Hier ist ein Teil Moskau für die, die hier leben und ihr Auskommen finden müssen.

Das „Rossia" ist eine spezielle Sache. Die vier Flügel des Hotels sind nicht auf der Erdgeschoßebene miteinander verbunden, was ein trickreiches Wechseln des Fahr-

Hotel „Rossia“

stuhls im 9. Stock erfordert, will man zum Frühstücks- oder Speisesaal respektive einen anderen Flügel gelangen.

In einer geographisch-logistisch als Herausforderung angelegten Aktion schaffen Peter und ich es aber doch, zum Headquarter des Express irgendwo in schwindelerregender Höhe in einem zum Büro umfunktionierten Zimmer vorzudringen.

Wir sind gerade an einem kategorischen „Njet“ gescheitert. Peter möchte seinen Aufenthalt um eine Nacht verlängern, da sein Rückflug für den Morgen gebucht ist, der Zug aber bereits abends zu seiner zweiten Nachtfahrt aufbricht.

Mit dem jungen, freundlichen Dolmetscher sehen wir uns eher in der Lage, der Dame hinter dem Rezeptionstresen unser Anliegen plausibel zu machen. Die (Innen)Architektur des „Rossia“ ist so konzipiert, daß sie an gesellschaftliche Verhältnisse erinnert, die das Gleichheitsprinzip – zumindest in Hotelangelegenheiten – Lügen strafen. Wenn ich mich sehr bemühe, kann ich auf Zehenspitzen stehend über den Tresenrand lugen, das Ausfüllen eines Formulars etwa stellt mich vor eine rein anatomische Unmöglichkeit, und der Blick auf das thronende Personal erfolgt zwingend von unten nach oben, was bei längeren Wartezeiten Nackenverspannungen zur Folge hat. Ich vermute, daß die Königin der Zimmerverwaltung sehr wohl verstanden hat, was unser Begehr ist, sich aber kurz vor Dienstschluß nicht mehr mit lästigen Formalitäten abgeben will. Auch auf die russisch vorgetragene Problemstellung erfolgt ein lapidares Nein. Der Dolmetscher entschuldigt sich verlegen lächelnd und meint, daß das schon vorkäme, weil Situationen in langer Tradition öfter so gehandhabt würden. Wir begeben uns durchs Labyrinth des „Rossia" also zur Management-Direktion des Hotels, erklären unser Problem erneut – es wird ein bißchen skurril, zugegeben, denn eigentlich wollen wir bloß ein Doppelzimmer für eine Nacht länger als Einzelzimmer reservieren. Die zuständige Managerin hat offenbar auch den Eindruck, daß sie für andere Sorgen zuständig ist und fragt uns, wo denn nun das Problem liege, wir bräuchten das doch bloß an der Rezeption zu regeln.

Wir traben hinter dem Dolmetscher her durch einen langen, schmucklosen Gang zurück, warten auf den Aufzug, steigen routiniert im 9. Stock um, begeben uns zur Rezeption, legen die Köpfe in den Nacken und warten. Mittlerweile hat ein Schichtwechsel an der Rezeption stattgefunden. Innerhalb von zwei Minuten ist die Angelegenheit geregelt. Ein Gefühl, das mir von Amtswegen zu Hause vertraut ist, macht sich breit, und die Beruhigung, daß Peter seine letzte Nacht in Moskau nicht auf einem der vielen Gänge des „Rossia" verbringen muß.

Am letzten Moskau-Tag bricht noch einmal die Diskussionswut aus. In einer kurzfristig vom lokalen Organisationsteam einberufenen Aktion soll es in den zahlreichen städtischen Bibliotheken „Autorengespräche" geben. Ich soll zur Gruppe, die in der Tolstoi-Bibliothek sinnstiftend wirken möge. Und was soll ich da, erkundige ich mich vorsichtig. Na eben zu Tolstoi was meinen. Nun ist es an mir, kategorisch „njet“ zu sagen. Nicht, daß ich was gegen russische Dichter hätte, aber Tolstoi zählt nun wirklich nicht zu meinen Spezialgebieten. Also gut, wenn nicht Tolstoi, dann gehst du eben zu einer Diskussion über das moderne Bibliothekswesen. Als ich auch das ablehne, wird mir noch die Kinderbibliothek angetragen, Hauptsache, ich diskutiere über irgendwas.

Da ich mir mittlerweile ohnehin eher wie ein beliebig und mit nicht genau einschätzbaren Nebenwirkungen einsetzbares Breitbandantibiotikum vorkomme und nicht wie ein Autorin mit eigenem Oeuvre, diskutiere ich die Frage der Diskussionsbeteiligung nicht länger, sondern absentiere mich kommentarlos. Um einer Übersetzerin in die Arme zu laufen, die gerne für deutschsprachige Verlage arbeiten würde und deshalb von mir wissen möchte, was in den letzten paar Jahren so an deutschsprachiger Literatur erschienen ist. Mit einer fadenscheinigen Entschuldigung (zu der ich rachsüchtig Tolstoi heranziehe) verdrücke ich mich eilig.

Und dann ist es vorbei mit den Moskau-Tagen. Peter begleitet unseren Troß zum Bahnhof, wieder ein Abschied am Zug, furchtbar, diese ewige Abreiserei ...

Wir klüngeln uns zu Kleingruppen in den Liegewagen zusammen. Damit keine Wehmut aufkommt, lassen Nelly, Jacek, Peter P. und ich einen Sektkorken knallen, von unserer Hochzeitsfête ist noch ein bißchen Wodka über – und um uns die Zeit zu vertreiben, lassen wir Anekdoten aus den letzten Wochen kursieren. Einer unserer beliebtesten Sager, der die Sprachverwirrung, der jede/r von uns zeitweilig zum Opfer fällt, beinhaltet, kam beim Thema Reisedokumente zustande, stammt aus deutscher Zunge und ist in den Rang des Klassikers erhoben. Der überzeugt vorgetragene Satz lautet „My passport is not guilty."

Was zu hoffen ist.

11. Juli 2000

Minsk
Halb acht Uhr morgens. Bereits um fünf Uhr aufgewacht, besessen von der totalen Panik, hier bleiben zu müssen.

Nach dem Regen und der Kälte der letzten beiden Tage endlich wieder Sonne – aber so viel Sonne kann es hier gar nicht geben, daß ich nicht dringend weg wollte.

Mich deprimiert die Stalin-Architektur, die müde Trostlosigkeit, die sich über alle Lebensäußerungen zu legen scheint. Wo will dieses Land hin, wie ist es wirklich, stimmt es denn, daß regimekritische AutorInnen und JournalistInnen kommentarlos verschwinden? Wir schaffen es nicht herauszufinden, ob im Moment AutorenkollegInnen inhaftiert sind oder nicht. Das offizielle Weißrussland gibt sich jedenfalls alle Mühe, mit Pomp und Gloria aufzufahren, und zwar anläßlich des traditionellen, alljährlichen Folkore-Festivals, weit außerhalb der Stadt, in einem bewaldeten Grüngebiet. Zwar wird diese Veranstaltung von den Einheimischen frequentiert – man lagert mit Picknick im Gras, auch wenn es feucht und regnerisch ist. Ich kann mich aber des Eindrucks nicht erwehren, daß das, was da auf der Bühne abgespult wird, in diesem Jahr „speziell" ist. Die singenden und tanzenden Gruppen, die sich im Wiesengelände und unter Bäumen malerisch über Kilometer verteilen, mögen ja authentisch sein – aber die Chöre, das Prinzessinnen-Staatsopernballett, die hackbrettspielenden Schwestern, die Literatur und das offenbar unvermeidliche Ritterspiel kommen mir sehr dick aufgetragen vor.

Staatlich verordnete Balalaika-Poesie, wie es der Kollege aus Rumänien treffend formuliert.

Folklore

Zwei Frauen sprechen uns vorsichtig an, geben sich als Mitglieder einer Organisation zu erkennen, die sich um die Tschernobyl-Opfer kümmert. Nein, es sei gar nichts gut hier, niemand spreche über Tschernobyl, das Thema sei „erledigt", es gebe offiziell keine Folgeprobleme, nein, es sei unklar, wie die Entwicklung im Lande weitergehe.

Die Preise hier im Hotel sind abenteuerlich. Für ein Zehn-Minuten-Telefonat (zirka die Hälfte der Zeit geht für fehlschlagende Verbindungsversuche drauf, ich muß wieder einmal über die Hotelzentrale telefonieren, Handy geht nicht) bezahle ich 50 US-Dollar, alles, was man/frau hier ißt und trinkt, schlägt die Rekorde im internationalen Preisvergleich.

„Papiermangel" ist die offizielle Formulierung für die Zensur im Printwesen, VerlegerInnen haben eine jährliche „Prüfung" vor einer staatlichen Kommission zu absolvieren. Im TV läuft Volksverblödung alternierend mit ungeschminkter Propaganda.

Gestern abend überredete mich eine Kollegin, doch noch mit ihr auf einen Sprung in die Bar zu schauen. Eigentlich hatte ich keine Lust, ich hatte auf gar nichts mehr Lust, fühlte mich zerschlagen und gereizt, ließ mich dann aber doch breitschlagen. Wir saßen am Tresen, KollegInnen tröpfelten zögerlich herein, die Stimmung war bei allen an einem Tiefpunkt angekommen.

Wir sind reisemüde, und Belorus schlägt den meisten von uns aufs Gemüt. Wir versuchen verzweifelt, mit dem Haufen Papiergeld umzugehen, das wir beim Wechseln bekommen haben – lappige Scheine mit unglaublich vielen Nullen, die Inflation galoppiert, alte und neue Währung im Umlauf, bei manchen Scheinen kann man die Nullstellen einfach weglassen und sich dann über den Daumen auf den ungefähren Nominalwert hinschätzen – was darum zu kaufen ist, bleibt im dunkeln. Wir kommen nicht damit zurecht, haben keine Ahnung, ob wir für eine Handvoll Geld ein Bier bekommen, Wein ist sowieso fast unbezahlbar, wird in Gramm gemessen und in homöopathischen Dosen ausgeschenkt.

Wir kamen mit dem Barkeeper ins Gespräch. Er hielt sich zwar bedeckt, ließ aber durchblicken, der Laden wäre reiner Nepp, die Situation im Land mehr als schwierig und er mit seinem Job noch gut dran, weil in diesem Hotel im allgemeinen nur Geschäftsleute oder TouristInnen mit Geld absteigen würden.

Als wir ihm hilflos wie kleine Kinder unsere Moneten hinhielten, damit er sich zusammenklauben konnte, was er bekam, fragten wir naiv, was wir mit den kleinen Scheinen machen sollten, die er uns zurückgab. Milde lächelte er: „This? Keep it as a souvenir, this is playmoney.“

Brest

Wir sitzen im Zug, eine Station haben wir in Weißrussland noch, aber das wird nur ein Kurzaufenthalt, noch einmal Folkloreprogramm unter strahlend blauem Him-

Abfahrt aus Brest im „Görlitz“

mel, ein Kaffee in der wirklich schönen Bahnhofshalle, dann eine äußerst penible Paßkontrolle und wir stehen am Bahnsteig – und endlich ist er wieder da, unser geliebter „Görlitz“, der uns abholt und über Warschau (unsere vorletzte Station) nach Berlin bringen wird.

An der Grenze zu Polen

Warten. Kontrolle. Wachtposten vor dem Zug. Junge Burschen mit einfältigen Gesichtern, in denen ein brutaler Zug wohnt. Kalaschnikows umgeschnallt. Reagieren gereizt auf die Video- und Fotokameras aus den Zugfenstern. Einer steigt aufgebracht zu uns ins Abteil und will „Cassetta“ aus der Videokamera eines slowenischen Kollegen. Der biegt das ab: „I press no button – see?“ Einen unguten Moment lang ist nicht klar, ob die Situation nicht in den kritischen Bereich kippt. Der filmhungrige Kollege ist ganz und gar nicht gewillt, sich von seinem Gerät zu trennen oder Bestandteile desselben auszuhändigen, der Grenzwächter ist aus Gründen der zu bestätigenden Autorität im Zugzwang und will sich nicht veräppeln lassen. Ich nehme nicht an, daß die Waffen der Beamten mit Platzpatronen bestückt sind und fühle mich unwohl bei diesem sinnlosen Hahnengeplänkel. Schließlich läßt sich die Uniform aber besänftigen und verläßt den Zug wieder.

Ich mache auch was Verbotenes: ich geh' pinkeln. Darf man nicht im Niemandsland. Ich bestehe trotzdem auf meinem Menschenrecht, was gar nicht so einfach ist, da sich vor den Türen der WCs unsere Gepäckberge türmen. Ich schaufle mir wütend eine Gasse frei und bin nicht gewillt, mich durch irgend etwas oder irgend jemanden aufhalten zu lassen. Es gibt Situationen, die dulden weder Aufschub noch langwierige Argumentation, basta.

Als ich erleichtert wieder ins Abteil komme, stelle ich fest, daß die Jungs aus dem Zug es nicht lassen können: Sie palavern die polnische Grenzwache auf russisch nieder, weil sie auf Teufel komm raus jetzt unbedingt wissen müssen, wieviel Schuß im Magazin sind. Oh Göttin. Wir hängen an dieser Grenze endlos fest. Ein Kollege wird festgehalten, weil er seinen Paß in Minsk vergessen hat. Das Dokument soll mit dem nächsten Zug nachkommen, dann darf der Kollege weiterreisen und uns in Warschau treffen. Er hat einen langen Nachmittag vor sich ...

Irgendwann geht es weiter. Der Sommer läßt sich plötzlich riechen. Tiere auf den großen Weiden, Polen ist ein schönes Land. Gerade ein Grüppchen aufmerksamer, weißer Truthähne an einem Gartenzaun:

„Schau Oskar, ein Literaturexpress ..."

„Ja, Arthur. Seltsame Exemplare ..."

Beruhigend, Tiere auf den Sommerweiden zu wissen. Ein Pferdefuhrwerk. Eisenbahntränken. Die Bewegung im Zug ist mir selbstverständlich, vertraut wie mein Blutschlag.

Strohmandeln. Rohbauten. Schwarze Katze im Feld. Ein einzelnes Pferd unter Kühen.

Warschau kann nicht mehr weit sein.

Das Ghetto kommt mir in den Sinn. Ich habe zu Beginn der Reise Lilly Bretts „Einfach so" gelesen. Auch an die riesigen Birkenwälder denke ich, die wir auf dem Weg nach Malbork passiert haben.

Bilder und Assoziationen schieben sich schienenkilometerweise übereinander. Beide Großväter waren im Krieg. In der Kabarettzeit die „Moorsoldaten" gesungen, die eine damalige Freundin „irgendwie unpassend" fand. Irgendwie unpassend fand ich hingegen das Jugendfoto ihrer Mutter, das die Freundin in ihrer Studentenbude zur allgemeinen Ansicht brachte: Mutti als flottes Mädel mit einer NS-Offiziers-Kappe, schnittig salutierend. Und all die nie erzählten Geschichten rundherum. Und vor den eiligen Scheiben der Waggonfenster das vorbeifliegende Schweigen der Wälder, das reduzierte Wahrnehmen der Welt, seit Wochen den Blick, wenn er unterwegs ist, nicht nach vorne gerichtet, sondern nach links oder rechts.

Warschauer Engel

Und dann ist tatsächlich Warschau, und ein Engel steigt ein ...

Wir werden von einer völlig ausgeflippten Theatertruppe in Empfang genommen, die vor dem Bahnhof ein hauptsächlich pantomimisches Stück für uns aufführt – und wir müssen gnadenlos mitmachen. Trotz unserer Müdigkeit, staubig und durstig wie wir alle sind, können wir uns dem quirligen Spiel nicht entziehen, werden in hopsende Tänze und schrille Szenen gezogen, bis wir uns losmachen können.

Ich bekomme – sehr zu meinem Bedauern – von Warschau nicht allzu viel mit. Aber ich bin ausgelaugt von all den Eindrücken der letzten Wochen.

Ich schaffe es gerade noch, mir den Stadtkern anzusehen, der beeindruckend ist – und wenn ich nicht wüßte, daß er nach dem zweiten Weltkrieg aus den Trümmern wieder aufgebaut wurde, würde ich es nicht merken.

Bei einem Meeting aller TeilnehmerInnen versuchen wir, eine Art Resolution zu entwickeln, ein gemeinsames Statement zu dieser Reise, die nun fast zu Ende ist – aber sowohl die politischen Ansichten als auch das Selbstverständnis als AutorIn und die daraus resultierende Haltung gehen hier viel zu weit auseinander. Außer hitzigen Diskussionen wird nichts daraus. Und unsere Geduld scheint auch schon angekratzt zu sein.

Die beiden Tage wischen an mir vorbei, ich unternehme einen Streifzug durch diverse Läden mit drei Kolleginnen, die noch auf der Suche nach Mitbringseln sind – und dann geht es für die letzte Strecke noch einmal in den „Görlitz“.

Ich stehe auf dem winzigen, schmiedeeisernen Balkon meines Zimmers – eher eine Art Mauervorsprung mit Geländer –, aber ich habe einen hervorragenden Blick über die Straße, einen Teil von Warschau, beobachte die quietschende, laut rumpelnde Straßenbahn, die direkt unter mir in die Station einfährt, Menschen zu ihren alltäglichen Verrichtungen bringt oder abholt. Raffe mich auf und bummle noch ein wenig durchs Viertel, schaue mir das Treiben an. Statt Mc Donald's ist in dieser Ecke Pizza Hut der große Renner für die Jugendlichen, dicht gedrängt warten sie auf freie Plätze oder Pizzaschnitten zum Mitnehmen.

In Minsk war Mc Donald's so ziemlich der einzige Farbfleck im Grau der Straßen – wenn auch so verzweifelt rot-gelb-aufdringlich, daß es schon wieder abstoßend war.

Im Hotel werden quasi stündlich Zettelchen im Visitkartenformat unter den Türen durchgeschoben. Damen- und Herrenangebote samt Preisangabe lassen sich vergleichen, Anruf unter Tel. Nr. sowieso, prompter Service innerhalb einer Viertelstunde garantiert. Bei Verspätung Preisnachlaß.

Wie beim Pizzadienst.

14. Juli 2000

im „Görlitz", quer durch Polen Richtung Berlin
Wie die Schulkinder vor den großen Ferien. Haben wir uns in den vergangenen zwei, drei Wochen – je nach Reisekonstitution – mehr oder weniger zu beklagen angefangen (zu lang, zu viel davon, zu wenig hiervon usw.), hat sich nun eine völlig hektische und überdrehte Stimmung breit gemacht. Plötzlich kommen die einen drauf, daß sie mit bestimmten KollegInnen so gut wie gar nicht gesprochen haben, also schnell nachholen, daß noch Bücher und Verlagsadressen zu tauschen wären, rasch noch ein Interview für das Magazin, bei dem man/frau mitarbeitet, ja, wir können uns in der Diesel-Rhythmus-Bar ein Video ansehen, daß der Kol-

Diesel-Rhythmus-Bar im „Görlitz“

lege gerade fertig hat, ich soll noch eine letzte Kolumne von unterwegs machen – aber mein Laptop funktioniert im Zug nicht, macht nix, schreib es von Hand, wir geben es dann per Mobiltelefon durch, hast du X gesehen, kannst du mir beim Gespräch mit Y übersetzen, wo ist das Kamerateam, wer will ein Bier mit uns trinken, kommen wir pünktlich an, ja, am Bahnhof Friedrichstraße ist schon eine Riesenfête im Gange … Es schwirrt wie im Taubenschlag.

Kurz vor Berlin noch ein Aufenthalt, dann geht alles viel zu schnell, und wir laufen ein unter dem Motto: Literatur kommt an!

Endstation.

So begierig wir die letzten Tage waren, endlich anzukommen, so schwer fällt es uns jetzt, den Zug zu verlassen. Auf dem Bahnhof tobt das Leben. Ich bin in einer ausgelassenen Menge eingekeilt, krame nach meinem Handy, Peter müßte schon da sein – aber wie soll ich ihn hier jemals finden? Müßige Frage. Ein langer schwarzer

Bootsfahrt auf der Spree

Mantel, aus dessen Kragen eine große Sonnenblume winkt, schwimmt durch die Menge auf mich zu. Jetzt bin ich zu Hause, auch wenn's noch nicht Wien ist.

Der Abend ist angefüllt mit Treffen, Interviews, Erzählen.

Am nächsten Morgen zu nachtschlafender Zeit noch ein Termin bei einem Radiosender zu einer Life-Sendung. Dann dürfen Peter und ich durch Berlin flanieren – was genau genommen einer Art Hochzeitsreise gleichkommt. Nach so viel Zug wollen wir ein bißchen auf der Spree Bootfahren. Und natürlich ist ein Besuch auf der Museumsinsel obligat: Immer, wenn ich in Berlin bin, muß ich unbedingt ins Pergamon-Museum, um nachzusehen, ob das Ischtar-Tor auch bestimmt noch da ist.

Wir bewundern die exzentrische Architektur des Lafayette-Kaufhauses und unternehmen von „Unter den Linden" aus unsere Streifzüge – unter anderem lassen wir uns eine Führung durch die ehemalige Gauck-

Behörde nicht entgehen. Die Exponate im Rahmen der Ausstellung erinnern an schlechte Filme aus der Zeit des Kalten Krieges: Füllfedern mit Mikrophonen drin – und jede Menge Ungeziefer in den Telefonhörern.

Bedrückend ist das – und noch gar nicht so lange her. Im Kontext dieser Reise kommt mir am Ende auch jenes Berlin exotisch vor, das ich zu Zeiten der Mauer mehrmals besucht habe.

Ich mache mir beim Vortrag des Leiters vom Brecht-Archiv eifrig Notizen, schreibe auf, was ich in weiten Teilen eigentlich weiß. Ich füge boshafte Kommentare zur Situation von Kunst und Kultur ein, bis mir beschämt klar wird, daß auch ich jetzt für sechs Wochen zu einer Art „Literaturelite" gezählt habe, die hofiert und von Empfang zu Empfang gereicht wurde. Wo beginnt die Korruption? „... und die Frage konkret gestellt ..." Eine ganze Maschinerie beginnt in meinem Kopf zu rotieren, die sich in Windeseile von Spruch zu Widerspruch bis Nebenwiderspruch wirbelt.

Ein Lachen holt mich aus diesem Taumel, als die Rede des Vortragenden auf eine Anekdote kommt: Anläßlich einer als subversiv verdächtigen Germanistik-Dissertation ließ die Behörde diverse Namen überprüfen, unter anderem auch „Hölderlin". Das Ergebnis lautete: „Unbekannt. Tot."

Nicht immer sind die Hellsten und Geeignetsten für Kunst und Kultur zuständig, könnte sich schlußfolgern lassen ...

Eine große Abschlußkundgebung auf einer Open-Air-Bühne setzt schließlich den offiziellen Schluß unter unsere sechs Wochen auf der Schiene.

Und am wirklich allerletzten Abend treffen wir einander bei einer Big Party mit lauter Musik und Tanz.

Nachdem auch die Tanzmuffel ihre Schüchternheit

überwunden haben, geht es zu wie einst in den 70ern in der Disco, dazwischen reihen sich die sentimentalen Anwandlungen und die Versicherungen, in Kontakt zu bleiben, dicht aneinander. Wir wissen, jetzt ist es wirklich zu Ende und diese Reise ist unwiederholbar. Aber an diesem Abend kann niemand damit umgehen, zu dicht waren wir eineinhalb Monate miteinander konfrontiert, zu selbstverständlich ist uns schließlich der Ausnahmezustand des Reisens in dieser Form geworden. Jetzt schon bestätigen wir einander, daß wir den „Görlitz" vermissen, daß wir in den folgenden Tagen morgens verwirrt und vergeblich nach einem Treffpunkt am nächsten Bahnhof suchen werden.

Als der Sommermorgen bereits dämmert, machen wir uns zum letzten Hotelzimmer der Reise auf.

Peter und ich haben bei einem hastigen Kaffee, wenige Stunden später, gerade noch Zeit, uns von ein paar anderen, die auch mit müden Augen trübsinnig hinter ihrem Frühstück hocken, ein letztes Mal zu verabschieden.

Unser Flughafen-Taxi wartet schon.

Als der Flieger die Startbahn verläßt, habe ich dieses eigenartige Gefühl, bei dem die Zeit sich gleichzeitig auf Stecknadelkopfgröße komprimiert und andererseits unendlich dehnt.

bewegung

und nun weg, nur weg, denn wenn das leben sich festgefressen hat, muß man weg, weil stillstand ist furchtbar und meint tod, und selbst wenn die bewegung von außen kommt, man kann sich vormachen, man bewegte sich selbst, wie aus eigener kraft.

auch wenn man nur mitgenommen wird, man kann immer noch die bewegung simulieren, sie mitvollziehen, als käme sie aus dem eigenen antrieb und nicht aus dem hilfsmittel, das man bestiegen hat, in das man eingestiegen ist, auf das man aufgestiegen ist, wie auch immer.

aber wenn das leben im kern innehält, dann ist es schwierig einzusteigen, aufzusteigen, mitzukommen, sich mitnehmen zu lassen. und dann alle kraft darauf verwenden, die botschaften, die der kern in die äußeren stränge ausschüttet, zu negieren oder zu dämpfen mit mitteln unterschiedlicher legalität oder befriedigender wirkung.

und was wäre denn so schlimm am innehalten, aber das ist eine müßige frage, denn für deren beantwortung fehlt die zeit, die muße auch, und wer stillhält, wird übersehen, überlaufen, läuft gefahr, überfahren zu werden von der bewegung, die rundum tobt, die schließlich leben ist oder zumindest so aussieht, denn auch andere müssen simulieren und leben vormachen.

also ganz egal, was der kern so meint oder morst, und keine rücksicht darauf, ob die äußere hülle probleme damit hat, die bewegung nach vorne, nach oben, jedenfalls dynamisch zu vollziehen, gerade wenn alle signale rot rot rot aufleuchten und nach slow motion verlangen, gerade dann müssen alle hebel über die grenzen in den noch röteren bereich geschoben getrieben gezwungen werden, denn alles andere wäre ein eingeständnis, daß die mobilität, die dynamik und der schwung nachlassen, wer nicht dynamisch schwingt, kommt vielleicht ins trudeln und könnte abstürzen ins bodenlose der unbeweglichkeit, ins grab des vergessen werdens, weil das pendel nicht unübersehbar ausschlägt und nicht signalisiert: hier wird leben simuliert.

und am ufer des langen ruhigen flusses zu sitzen und zu warten, daß die leichen der feinde vorbeitreiben, sind metaphern für die verlierer.

wer sich nicht rührt, läuft nicht einmal unrund, hauptsache bewegung kommt in die zustände, das fragen nach ursachen ist ein glasperlenspiel. wer zu viel fragt, geht lange irr, und das ist nicht die bewegung, die zählt. zumindest zielgerichtet aussehen muß sie. schleichwege mögen zulässig sein, wenn sie dynamisch verfolgt werden.

also los und frisch gewagt, dem mutigen gehört die welt, und die anderen bestraft das leben.

höher schneller weiter besser größer stärker & endlich unsterblich & damit unbesiegbar, der triumph der bewegung über die starre, immer ist es die schlange, die gewinnt, niemals das kaninchen.

wenn also der kern sich wehrt und drauf und dran ist, sich noch mehr einzuschalen, ist bewegung angesagt. die hülle zurecht geklopft und losgezogen. der weg ist das ziel, und auch wenn das nicht stimmen sollte, es ist ein anfang und der erste schritt.

die höchsten berge sind eine marginalie, ein klacks im vergleich zu den unerforschten galaxien, was soll der mond, hinter dem mond ist es, hier noch land gewinnen zu wollen, große schritte sehen anders aus.

nur die getriebenen treiben die welt voran, keine sentimentalitäten zugelassen, keine falschen rücksichten sollen gelten als entschuldigung für die, die dem fortschreiten im wege stehen, die opfer sind stets selber schuld.

und wenn der kern sich noch so laut beschwert, ist anderes wichtiger, drängender.

hinaus hinauf hindurch und weiter. nur zu. keine rast und keine ruh.

fehler bedeuten die chance zu lernen, die unkorrigierbaren sind die wichtigsten auf dem weg zu ultimativen entscheidungen. wer sich welt bewegenden erkenntnissen verschließt, ist dem stillstand anheim gefallen ist ein hindernis, muß überwunden beseitigt überrannt werden.

spitzenzeiten spitzenwerte spitzenmaße – nur das optimale, das makellose hat bestand.

wir stehen am portal großer zeiten, wer zu feige ist, um anzuklopfen, wird draußen bleiben, wer sich nicht ins wagnis begibt, kommt in der feigheit um, beschwerden sind nicht vorgesehen. nur wer an dem richtigen seil bereit ist mitzuziehen, damit der weltenkarren einen bedeutenden schub tut, ist richtig an seinem platz. das ist bewegend. bewegung tut not.

in der unermüdlichen beweglichkeit des geistes, im sterben nach dem blick hinter alle spiegel ist das ziel nun schon in sichtweite. die göttliche schrift ist lesbar geworden, der mensch liegt endlich da als offenes buch, wen schert da der unbedeutende, eingeschalte kern. der uralte irrtum eines mysteriums ist als flache lüge decodiert: nichts als chemische substanzen, und ein gewisses potential zur bewegung. wir halten uns nicht mehr auf mit dem imitieren, mit dem schaffen von plagiaten. gottgleich geworden, gilt nun der auftrag, götter zu schaffen und selber im olymp zu thronen als unanfechtbare instanz über den herrlichen kreaturen, deren fehlerlosigkeit das prinzip aller prinzipien ist. und in ehrfurchtgebietender ewiger bewegung wird sich dann endlich schneller und schneller alles drehen. und für niemanden als für die unermüdlichen, die gelenkigen wird ein halten sein bei diesem ra-

santen tanz, der die starre, das verknöchern überwindet.

und das ist erst der anfang.

universen sind zu kreieren, makellose fassaden für perfekte bewohner, deren kern die bewegung ist, die keinen gedanken verschwenden an vernachlässigbares, unnützes. blitzend strahlend und ohne tand, chromfunkelnde gerätschaften in kühnen kühlen hallen, wo bewegung stattfindet, wo energie gezeugt wird, pur und endlos und keine muffigen höhlen mehr, wo der verstand wirre bilder produziert und auf verschlampten lotterbetten die hülle erschlafft.

entkernte körper mit stählernem rückgrat und den gliedmaßen einer unverwundbaren maschine werden welten bevölkern, die in keinem detail mehr an den dreck, den auswurf, den dumpfen geruch der verzweiflung, den verrottete kerne absondern, erinnern werden. eine strahlende milchstraße der herrlichkeit wird sich in tosendem rausch durch die unendlichkeit schleudern.

das ist die richtung, der große entwurf, die lösung, auf die es zuzueilen gilt.

und nur in nicht enden wollender bewegung kann erreicht werden, was gültig aufräumen wird mit all der sinnlosen kosmetik an hüllen und kernen, was mit scharfen klingen ausschälen wird, was nicht gebraucht wird, nie nötig und in einem großen mißverständnis überschätzt war.

bewegung ist leben, bewegung allein, der rest ist überfluß. überflüssiges wird abgeschafft. das abschaffen ist ein dynamischer prozeß, bestehend aus dem selektieren dessen, was sich nicht ausreichend bewegt und dem vernichten des starren. stürzende mauern, gewaltige detonationen, die reinigende kraft des feuers, des lauffeuers, das sich läuternd vorwärts vorwärts frißt in gieriger hast. wenn alle schranken gefal-

len sind, hindernisse zu asche und trümmern mutiert sind, kann ungehindert bewegung über die freien flächen rasen. nur auf dem schutt des überwundenen kann aufgebaut, können die drehleitern zu neuen welten errichtet werden.

der jagende puls, der hämmernde herzschlag sind die rechten frequenzen für den weltenkörper.

es gilt, sich zu drehen, zu winden, zu schlängeln, um dem ziel treu zu werden.

die welt muß rasend werden.

wir arbeiten daran.

Mehr als nur ein Hauch davon

Auf den Semmering sollte man nicht fahren, wenn man traurig ist. Oder aber: wenn man sehr traurig ist. In jedem Fall aber sollte der reisende Mensch die Semmeringbahn benützen. (Spricht man eigentlich vom „Reisen", wenn es sich nur um einen kurzen Ausflug handelt? Und sagt heute noch jemand „Ausflug" anstelle von „Trip"?) Und wenn es schon um die Frage der Formulierungen geht: eigentlich bewegt man sich im Semmeringgebiet, wählt man diese Landschaft für einen Besuch, man tourt über den Berg, das stimmt – aber die Topographie rundum ist viel mehr und hat Namen zu bieten, die an Heimatromane, Sagengestalten und Gänsehaut appellieren: Höllental, Bärensattel, Eselstein, Adlitzgräben, Kalte Rinne ...

Immer liebe ich es, in der Bahn zu sitzen, im Bummelzug, nicht im Intercity, und über den Semmering zu fahren. Früher lotete ich die Gegend ab und zu auch auf dem Motorrad aus, aber das Höllental war kalt und naß, der Semmering selbst voll tückischer Sandspuren in den Kehren der Straße – und ich stets zu traurig, um dieser schönen und seltsam anachronistischen Landschaft mit der nötigen Bewunderung begegnen zu können.

Was ist es, das da im Grün der Wälder hockt und der Seele die letzten Tränen herauspreßt, damit sie irgendwann leergeweint ist und wieder fröhlich werden kann?

Oder habe ich für meine Fahrten über den Semmering immer die falsche Seelenjahreszeit erwischt? Wenn Nebelfetzen an den Felsen kleben oder wie Tücher, gewirkt aus Unheil, über die gerade noch grünen Wiesen wischen und die Farben sich als Blumen verkleiden, in den Gärten, die von der Bahn aus in den Blick geraten: Noch einmal prächtig sein, das schöne Sterben üben, bevor die tote Zeit beginnt? So melancholisch ist mir dieser Berg, diese Landschaft.

Aufgefüllt mit Erinnerungen, die ich aus zweiter und dritter Hand beziehe, von weit her, aus einer anderen Zeit, die mir aber unerklärlich nahe anmuten. Und immer denke ich den Semmering in der Vergangenheitsform, gleichsam in der Formel, mit der sich Märchen klassisch einleiten: „Es war einmal ...“

Und es war einmal, in einem Jahr, in dem dieses Land am Vorabend einer Revolution stand, daß ein Kaiser sich anschickte, einen Berg mit unüblichen Mitteln zwingen zu wollen. Eine ziemlich „moderne“ Strategie, um von inneren Problemen abzulenken: Die österreichische Monarchie sah sich mit dem Grollen der 1848er-Revolution konfrontiert – und schickte Bauarbeiter an die niederösterreichisch-steirische Grenze, um ein gewagtes Unternehmen zu beginnen. Man hatte auf diese Weise zwei Fliegen mit einer Klappe geschlagen: Ein Teil des revolutionären, verarmten und verzweifelten Proletariats war weit genug von Wien entfernt, mit Arbeit unter härtesten Bedingungen beschäftigt – und der Staat setzte einen viel beachteten und – speziell für Österreich – spektakulär wagemutigen Schritt, indem man mit einer Eisenbahn über einen Berg wollte. Stein wurde in den Fels gesetzt, an schroffe Wände geschmiegt, Viadukte wurden hochgezogen, um sich über Täler und Schluchten zu schwingen: anmutig und kolossal zu gleichen Teilen. Aus mancher Perspektive wirkt es heute noch so, als wären sie ausschließlich dazu da, die Landschaft zu rahmen, an gefälligen Punkten einen beinahe gotischen Spitzbogen aus dem Himmel und den Bergen zu schneiden – und nicht, um Tonnen von Eisen in dröhnender Bewegung zu tragen, die endgültige Kapitulation der Natur vor der neuen Technologie des Transportwesens einzuläuten.

Carlo Ghega, gebürtiger Venezianer, in der öster-

reichischen Architektur- und Politgeschichte als „Carl Ritter von Ghega" geführt, hatte das Bravourstück zuwege gebracht. Liest man über das Entstehen der Semmeringbergbahn, muß man vermuten, er hätte ganz alleine, in heroischer Einsamkeit, im Schweiße seines Angesichts, Schwelle für Schwelle, Trasse für Trasse diesem widerspenstigen Stück Landschaft abgerungen. Auch eine alte, längst als Zahlungsmittel ungültig gewordene österreichische Banknote suggeriert dieses Erfolgsmärchen. Von denen, die sich mit Spitzhacke und Schaufel am Semmering geschunden haben, ist die Rede eher selten. So entstehen Legenden, wird Historie geschrieben.

1854 war es geschafft: die Bahnstation Semmering war der höchste Punkt der Erde, der per Schiene erreicht werden konnte.

Und hochrangig war dann auch die Klientel, die in der Folge auf den Semmering kam. Mit prachtvollen Villen und Nobelhotels, überflittert von Jugendstil und Ringstraßen-Noblesse kamen die Reichen und Schönen des vorletzten Fin de siècle.

Adelige, Bankiers, Großbürger, Maler, Schriftsteller, Philosophen – alle zog es unwiderstehlich „auf den Semmering". Eleganz, Luxus, Pracht – und auch ein gerüttelt Maß an Dekadenz hielt mit dem obligaten pfauengleichen Narzißmus Einzug im alpinen Gelände. Wien war im Bedarfsfall nicht all zu weit entfernt, die Anreise per Zug ein Vergnügen im Vergleich zur Pferdekutsche – für die Sommer bot sich eine reizvolle Alternative zum Mittelmeer, „in der Saison" war man auch am Semmering unter sich. Eine Ära, so verbindlich versunken wie Atlantis. Und vollkommen tabu für jene, die sich nicht im Inner Cercle von Hochfinanz, Politik oder – zumindest – dem halbwegs etablierten Kulturbetrieb bewegten.

Still, war das der Schatten Arthur Schnitzlers, da –

hinter dieser hohen Tanne, und hält er nicht ein melodramatisches Manuskript gelangweilt in der bleichen Hand? Und da, auf diesem Moospolster, ist das ein kränkelnder Sigmund Freud, tief in Gedanken? Stampft da ein Hirsch durchs Unterholz – oder bahnt sich Peter Altenberg in wütender Energie seinen Weg? Schatten von vorgestern in einer Welt, die es nicht mehr gibt, nur der eine oder andere Baum weiß vielleicht noch ganz genau, wer unter den grünen Gewölben aus Nadeln und Blättern spazierte, lustwandelte – und liebte oder litt? Die Schatten der Dichter und Denker scheinen mir immer noch im Atem des Walds, im Abenddämmer der Felswände umherzuhauchen. Aber – ich sehe keine Frauengestalten. So, als hätte es sie nie gegeben. Wanda von Sacher-Masoch muß doch fallweise hier gewesen sein – oder hat das Geld wieder einmal nicht ausgereicht, in diesem fatalen Haushalt, um wenigstens einen Sommer Hof zu halten am Semmering? Gepaßt hätte sie sicher hierher, sofern sie ein paar präsentable Roben zur Verfügung gehabt hätte ... Und hätte sie ihren anstrengenden Ehemann Leopold zu Hause gelassen, wer weiß, wie ihre Biographie ausgegangen wäre.

Müßige Spekulation, überflüssiges Denken im Konjunktiv. Wundert es mich, daß ich traurig bin am Semmering? Die Damen, die da im Gefolge der Herren zum Kuren und der Luftveränderung wegen kamen, die hier parlierten und kokettierten, sich wahrscheinlich auch langweilten, wenn es wenig zum Parlieren und noch weniger zum Kokettieren gab, sind so geschichtslos mit ihrem Jahrhundert versunken, daß der Text zu ihnen in einer Bildunterschrift zu einem Foto knapp vor der Jahrhundertwende lautet: „Die noblen Damen beim Wohltätigkeitsfest – Sektstand im Kurpark Reichenau, wahrscheinlich aus Anlaß des Bahnjubiläums im Jahr 1904" (in: Wolfgang Kos, „Über den Semmering, Kultur-

geschichte einer künstlichen Landschaft, Edition Tusch, Wien 1984).

Wieso entläßt mich diese Landschaft nicht ins Heute, drückt mir den Stempel von Melancholia auf, legt mir Leimruten in eine Vergangenheit, die nichts mit meinen Wünschen und Plänen gemein hat, die nur rettungslos verkitscht immer wieder aus der Mottenkiste diverser Filmretrospektiven gezerrt wird: Der Kaiser bei der Jagd nach edlem Wild, die junge Kaiserin als Romy Schneider maskiert – oder umgekehrt? Und ganz Österreich ein Nähkästchen aus Adelsmitgliedern, an den Rändern flankiert von braven Hoflieferanten à la Hans Moser, und die Gegenposse wird gegeben von fleißigen Wäschermädeln und, wenn schon Berge und Wälder, von rechtschaffenen Jägersmännern und finsteren Wilderern? Was zwingt mich zu Assoziationen, Bildern, Geschichten im Kopf, die mit mir nicht das geringste zu tun haben? Es muß an der Landschaft liegen, an der Art, wie sie belassen und bearbeitet zu gleichen Teilen wurde. Ich trinke täglich das Wasser, das ab 1873 von der ersten Wiener Hochquellenwasserleitung in die Bundeshauptstadt geleitet wurde.

Viadukte für die Züge und Aquädukte für das Wasser. Vielleicht bin ich bloß in die Wörter verliebt. Und in die Düsternis, die der Semmering für mich darstellt. Ich sehe ihn niemals im strahlenden Licht – und scheint die Sonne noch so freundlich. Etwas Tragisches erzählt mir diese Landschaft, ständig umweht von Morbidität, aber unbestritten schön. Will ich mir eine Liebesgeschichte in der noblen Gesellschaft der vergangenen Tage erzählen, fällt mir Mayerling ein, obwohl das geographisch gar nicht zusammen paßt – aber heraus kommt schließlich doch nur der Freitod zweier Liebender. Gnadenlose Sentimentalität fällt mich an, obwohl sich meine Sympathien für den Kronprinz Rudolf in erträg-

lichem Rahmen halten und ich den Rührstücken der Habsburger nicht über den Weg traue.

Ich reiße mich also weg von diesen Kulissenwelten, betrachte das, was vom ehemaligen Glanz übrig ist – und bin schon wieder bei der Melancholie. Sic transit gloria mundi. Auch das Erinnern an Bauern, Köhler, Eisenarbeiter, Kleinhäusler macht das Ambiente nicht fröhlicher. In den Bergen ist das Leben immer hart, in ihrem Schatten auch.

Also weg vom Damals, zurück in die Zukunft. Wanderer, Bergsteiger, Touristen, Sportler, der eine oder die andere begeisterte Bahnfahrer/in bevölkern den Semmering heute „zur Saison". Zur letzteren Gruppe mich am ehesten zugehörig fühlend, betrachte ich die jahrelang schwelende Diskussion über den Tunnelbau durch den Berg mit Unmut, Mißtrauen und Ablehnung. Sollte der Semmeringtunnel realisiert werden – was eine Frage der jeweils herrschenden politischen Machtverhältnisse auf Bundes- wie auf Landesebene darstellt – ist es irgendwann vorbei mit meinen melancholisch-traurigen und wunderschönen Fahrten über Viaduktbögen, Schluchten und Täler. Schnell und anonym kann ich dann durch den Leib des Berges rasen, spare mir zwanzig Minuten Zeit, die ich liebend gerne in den Serpentinen vertrödeln würde – und darf mir als Mitglied des 21. Jahrhunderts zu einem weiteren Stück Effizienz gratulieren.

Mir widerstrebt die Vorstellung, dieses Stück kultivierten Wildwuchses noch weiter vereinnahmt, gebändigt, zubetoniert, verwundet zu sehen. Vielleicht habe ich auch Angst um meine abgründigen Träume, die auf jeder Semmeringfahrt ziel- und angeblich absichtslos zu streunen beginnen – wie verwilderte Katzen – scheu, autonom und nicht zu bändigen, sich vollkommen in die Landschaft einfügend, mit ihr verschmelzend – und teilweise so unauflösbar wie andere Nachtmahren.

Ich bewundere diese Region – und möchte nicht mit ihr leben müssen.

Man sollte über den Semmering reisen, wenn man bereit ist, sich auf die Traurigkeit einzulassen. Möglich, daß das nur dann funktioniert, wenn man sehr glücklich ist.

Die Autorin

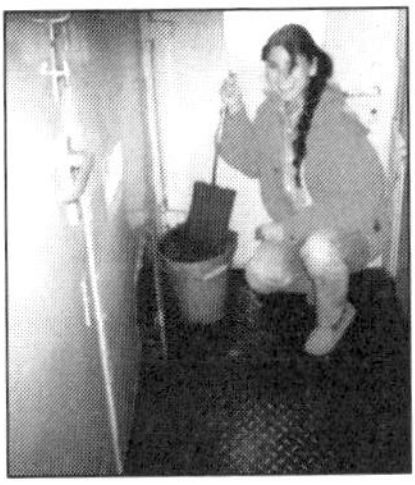

© Sylvia Treudl

Sylvia Treudl, geboren 1959 in Krems, Studium der Politikwissenschaft, Autorin (Lyrik und Prosa), von 1985 bis 1997 Lektorin, Herausgeberin und Verlegerin im Wiener Frauenverlag/Milena Verlag, in dem auch ihre drei Erzählbände erschienen, zuletzt *Blues* (1999). Derzeit ist sie als freie Autorin, Lektorin und Mitbetreiberin des Unabhängigen Literaturhauses Niederösterreich (ULNÖ) tätig; Herausgeberin im MILENA-Verlag sowie in der Edition ARAMO. 2001 erschien ihr vierter Gedichtband, *Windspiele* (herbstpresse). Im Milena Verlag wurde von ihr als Herausgeberin zuletzt die Anthologie *Viechereien. Tiere erzählen* veröffentlicht (2001).